현대역으로 쉽게 읽는
시부사와 에이이치의

論語

현대역으로 쉽게 읽는
시부사와 에이이치의
論語 논어와 주판

지은이 | 시부사와 에이이치
엮은이 | 김정출
만든이 | 최수경
만든날 | 2025년 11월 10일
펴낸날 | 2025년 11월 20일
만든곳 | 글마당 앤 아이디얼북스
　　　　　(출판등록 제2008-000048호)
　　　　　서울 종로구 삼봉로 95 102/ 603
전　화 | 02)786-4284
팩　스 | 02)6280-9003
이　멜 | madang52@naver.com

ISBN | 979-11-93096-13-0 (03320)

책값 16,000원

** 허락없이 부분 게재나 무단 인용은 저작권법의 저촉을 받을 수 있습니다.
** 잘못된 책은 바꾸어 드립니다.

엮은이의 말

김정출
일본 이바라키현 이시오카시, 청구학원(茨城縣 石岡市, 青丘学院) 이사장

이 책은 일본 메이지-다이쇼(明治-大正) 시대의 사업가이자 일본 자본주의의 아버지라 불리는 시부사와 에이이치(澁澤榮一, 1840~1931)의 『논어와 주판(論語と算盤)』을 한국어로 번역한 저술이다.

시부사와는 누구이며 왜 지금 그인가?

시부사와 에이이치는 일본에서 2024년 새 1만 엔 지폐의 초상화가 되어 다시 주목을 받고 있다. 반면 한국의 일부 언론은 시부사와를 '경제 침탈의 주역'(연합뉴스) 등으로 묘사하며 싸늘한 시선을 보냈다.

그 이유는 시부사와가 이사장으로 있던 국립제일은행이 1902년 발행한 일본 엔화 태환권(兌換券, 금과 바꿀 수 있는 지폐)에 시부사와의 초상화가 채택되어 후대에까지 '식민지 지배의 상징적 인물'로 낙인찍혔기 때문이다.

그러나 최근 한국에서도 새롭게 연구가 진행되면서 시부사와의 선진적인 면모와 성실함도 조명되기 시작해 한국에서의 시부사와관(觀)도 변하고 있는 것 같다. 예를 들어, 시부사와가 한국의 금융 인프라를 비롯해 한국 경제 도약의 기초 토대를 구축했다는 건 역사적 사실이다. 이에 더해, 시부사와는 일본 정부에 "조선인을

시부사와 에이이치 澁澤榮一
(1840. 3. 16. ~ 1931. 11. 11.)

가혹하게 대할 생각은 없다. 박애와 일심동체 의식이 필요하다."라고 진언(眞言)하고 "조선의 농민은 정직하고 농작물 수확을 속이지 않는다."라며 일본 사업가들을 '바가지주의자'로 규정한 바 있다.

애초에 시부사와는 단순한 사업가나 자본가가 아니었다. 물론 가장 큰 업적은 일본에서 주식회사와 은행제도를 창설하고 뿌리내리게 하여 수백 개의 기업 설립에 관여한, 앞서 언급한 '일본 자본주의의 아버지, 실업계의 아버지'라는 점이다. 뿐만 아니라 사회사업가로서 여러 대학 등 학교 설립에 관여하거나 국제친선에 이바지하기도 했다. 게다가 많은 일본 유명기업의 초석을 다졌음에도 불구하고 미쓰비시 같은 거대 재벌을 만들지 않았다는 점도 주목할 만하다.

이러한 시부사와의 삶의 근본에 있었던 것, 하나는 에도시대 말기 프랑스에서 접한 근대 자본주의와 민주적인 사회관, 또 하나는 어린 시절에 배운 논어 사상이었다. 이 『현대역으로 쉽게 읽는 논어와 주판』은 논어를 바탕으로 한 일생의 처세술을 그야말로 간단하게 서술한 책이자, 그가 항상 염두에 둔 성실한 장사와 실업을 폭넓게 쓴 저술이다.

논어와 주판이란?

시부사와는 책 제목 그대로 '도덕'(논어)과 '경제'(주판)가 인간 사회의 발전에 필수적이라고 강조한다. 도덕심에 기반을 둔 행동이 장기적으로 경제적 번영으로 이어지며, 경제 활동도 도덕적이어야 한다는 주장이다. 특히 이윤을 추구하는 것은 나쁘지 않으며, 그것이 사회에 도움이 될 때만 가치가 있다고 지적하고 있다.

그 도덕의 모델은 제목에서 알 수 있듯이 바로 '논어'이다. 그 가르침 중 특히 신뢰, 정직, 공정을 사업하는 리더(지도자)는 소중히 여겨야 한다고 주장한다.

또한 이를 발전시켜 개인의 이익 추구가 사회 전체의 이익에 반하는 것이 되어서는 안 된다고 설파하고 있다. 사익과 공익의 융합과 조화이다.

그런 리더를 양성하는 것이 교육, 특히 실학 교육의 목표이며, 그것이 사회의 발전과 국가의 발전으로 이어진다는 것이다.

논어를 중시하는 비즈니스는 출판 당시 일본에서 널리 받아들여진 것은 아니었다. 불과 얼마 전까지 일본 회사제도의 특징이었던 '연공서열(年功序列)'도 유교의 '장유유서(長幼有序)'가 반영된 것이었고 가족주의적인 경영도 어떤 의미에서는 유교적이었다. 그리고 현재 비즈니스에 도덕성을 도입하는 것이 다시금 강조되고, 기업은 사회적 책임을 요구받고 있다. 이처럼 공정하게 사업을 하는 것이 피할 수 없게 되면서 일본에서 이 책이 다시금 주목받게 된 것이다.

일본의 한국병합은 불행한 사실임은 틀림없다. 그러나 그것만으로 메이지 일본을 말살하는 것은 어떨까. 물론 메이지-다이쇼 시대의 일본은 군국주의 일색의 태평양전쟁 전의 일본과는 성격이 조금 다르다. 이에 반해 메이지 일본은 봉건시대를 극복하고 열강과 어깨를 나란히 하는 근대국가를 건설하려는 긍정적인 기개가 있었다.

 이런 흐름에 한국이 부수적으로 일본에 당한 것은 용서할 수 없는 역사적 사실이다. 그러나 그것에 얽매여 메이지 일본, 근대 일본을 정직하고 바르게 바라보지 않으면 진정한 역사를 배운 것이 아니다. 메이지 일본을 연구하는 것은 현재 한국 사회에도 절실하다.

 부디 한국 국민이 이 책을 읽고 메이지 일본, 그리고 근대 일본의 초석을 다진 것이 무엇인지, 그리고 유교의 실체를 어떻게 현재에 살릴 수 있을지 되새겼으면 하는 마음 간절하다.

▶ 시부사와 에이이치의 생가 전경(일본 사이타마현 후카야시, 埼玉県 深谷市)

목차

엮은이의 말 / 김정출   4

제1장 ㅣ 처세와 신조
'논어'와 '주판'(算盤)'은 정말 멀고도 가까운 존재   12
사혼상재(士魂商才)   14
『논어』는 모든 사람에게 공통된 실용적인 교훈   19
사람은 평등해야 한다   25
분쟁은 좋은 것인가. 나쁜 것인가?   29
훌륭한 사람이 그 진가를 시험받을 수 있는 기회   32
게(蟹) 구멍주의가 중요하다   36
득의(得意)에 차 있을 때와 실망할 때   40

제2장 ㅣ 입지(立志)와 학문
지금 일하라!   44
스스로 젓가락을 들어라   47
큰 의지와 작은 의지의 조화   51
훌륭한 인간의 투쟁이란   55
사회와 학문과의 관계   59
평생 걸어가야 할 길   61

제3장 ㅣ 상식과 습관
상식이란 어떤 것인가?   66
미워하더라도 상대의 미덕은 인정하라   70
습관의 전염되기 쉬운 측면과 번져 나가는 힘   74
친절해 보이는 불친절   76
인생은 노력에 달려 있다   79
올바른 입장에 근접하고 잘못된 입장을 멀리하는 길   82

제4장 | 인의(仁義)와 부귀(富貴)

진정으로 올바른 경제활동을 하는 방법 86
공자는 '경제활동'과 '부(富)와 지위'를 어떻게 생각했을까? 91
가난을 예방하기 위해 가장 먼저 필요한 것들 95
돈에는 죄가 없다 98
잘 모으고 잘 쓰자 101

제5장 | 이상과 미신

뜨거운 진심이 필요하다 106
도덕은 진화해야 하는가? 109
하루를 새로운 마음으로 112
수행자의 실패 115
진정한 문명 119

제6장 | 인격과 수양

인격의 기준이란 무엇인가? 126
니노미야 손토쿠(二宮尊德)와 사이고 다카모리(西鄕隆盛) 130
자신의 연마는 이론으로 하는게 아니다 134
자신을 연마하는 것에 대한 오해를 반박하다 138
실제로 유효한 인격 양성법 142

제7장 | 주판과 권리

인(仁)을 실천함에 있어서는 스승에게도 양보하지 않는다 150
텐도(天道)- '배려의 길'을 걸어갈 뿐이다 155
경쟁의 선의와 악의 159
합리적인 경영 163

제8장 | 실업과 무사도

무사도란 실업의 도의이다. 170
모방의 시대에 작별을 도의이다. 174

제9장 | 교육과 정의

효도는 강요하는 것이 아니다 178
현대 교육으로 얻은 것, 잃은 것 182
이론보다 실제 190
인력 과잉의 가장 큰 원인 193

제10장 | 성패와 운명

양심과 배려만 있다 198
할 수 있는 모든것을 다 한 후 운명을 기다린다 201
순역(順逆), 두 경계는 어디에서 오는가? 203
세심하고 대담하게 207
성공과 실패는 자기 몸에 남는 찌꺼기 210
열 가지 격언 214

부록

1. 해설/ 220
"일본 근대 기업 경영의 아버지 시부사와 에이이치를 새롭게 본다"

2. 대담/ 226
김정출(청구학원 이사장) vs 홍택정(경산 문명중·고 이사장)

3. 특별기고/ 238
시부사와 에이이치와 우치무라 간조(內村 鑑三)의 공통점/
다카하시(일본 전망사 편집위원)

01

처세(處世)와 신조(信條)

'논어'와 '주판'(算盤)'은 정말 멀고도 가까운 존재
사혼상재(士魂商才)
『논어』는 모든 사람에게 공통된 실용적인 교훈
사람은 평등해야 한다
분쟁은 좋은 것인가. 나쁜 것인가?
훌륭한 사람이 그 진가를 시험받을 수 있는 기회
게(蟹) 구멍주의가 중요하다
득의(得意)에 차 있을 때와 실망할 때

'논어'와 '주판(算盤)'은 정말 멀고도 가까운 존재

제자들이 공자의 가르침을 써낸 『논어(論語)』라는 책이 있다. 여기에는 오늘날 우리가 도덕의 모범으로 삼아야 할 중요한 가르침이 가득하다.

많은 사람이 『논어』 정도는 읽어보았을 것이다. 나는 늘 이 '논어'에 '주판'이라는 매우 어울리지 않고 이질적인 존재를 가져다 붙여 이렇게 말하곤 한다.

"주판은 논어의 이론에 의해 만들어졌다. 또한 논어 역시 주판의 역할로 인해 실제 경제활동과 연결 지어진다. 그러기에 논어와 주판은 아주 동떨어진 개념의 존재로 보이나, 그 실은 매우 가깝기도 한 것들이다."

내 나이 70이 되었을 때 어느 친구가 화첩을 한 권 만들어 주었다. 그 화첩에는 『논어』 책과 주판, 그리고 한 편에 비단 모자(서양 신사 모자)와 붉은색 칼집으로 된 대·소 두 자루의 칼이 그려져 있었다.

어느 날 미시마 추슈(三島中洲, 1831~1919, 明治, 大正시대의 유학자, 동경제대 교수, 二松學舍 創立者의 한 사람) 선생이 우리

집에 와서 그 그림을 보더니,

"아주 흥미로운 그림이다. 나는 논어를 읽고, 자네는 주판을 탐구하고 있는 사람들이다. 그 주판의 재능을 가진 사람이 『논어』 같은 책을 훌륭하게 소화해내는 이상, 나 역시 『논어』에만 그치지 말고 주판 쪽에도 꽤 공을 들이지 않으면 안 되겠네. 그러니 자네와 함께 논어와 주판을 가능한 한 연결해 보기로 하세!"라고 말했다.

그리고는 『논어』와 주판의 이치와 관련하여, 도리와 사실과 이익은 반드시 일치하는 것임을 다양한 예시를 들어가며 본격적으로 글을 써주셨다.

나는 항상 물질적 풍요는 큰 욕망을 품고 경제 활동을 해나가겠다는 기개가 없으면 발전할 수 없는 것으로 생각한다. 공허한 이론에 매달리거나 내용도 없는 번영을 좋게만 여기는 국민은 진정한 성장을 이루어내지 못하고 끝날 수밖에 없는 것이다.

그러므로 우리는 정치권이나 군부가 제 잘난 체하지 않고, 실업계가 최대한 힘을 갖추게 되기를 바라고 있다. 실업이란 많은 사람에게 재물이 돌아갈 수 있도록 하는 생업 그 자체이다. 이것이 완전하게 이루어지지 않으면 국가의 부(國富)는 형성되지 않는다.

국부를 이루는 근원은 무엇인가 하면, 사회의 기본적 도덕을 바탕으로 한 올바른 성향의 부(富)이다. 그렇지 않으면 그 부는 온전히 지속될 수 없다.

여기서 나는 『논어』와 주판이라는 이질적인 것을 이상적으로 합치시켜 가는 것이 오늘날 우선적으로 해내야 할 일이라고 생각하는 바이다.

사혼상재(士魂商才)

　일찍이 스가와라노 미치자네(菅原道眞)는 '화혼한재(和魂漢才)' 즉, 일본 고유의 사무라이 정신과 중국의 학문을 겸비해야 한다고 말했다. 이는 매우 흥미 있는 착상이라고 생각된다. 이에 대해 나는 항상 '사혼상재(士魂商才)' 즉, 무사의 정신과 상인의 재주를 함께 지녀야 한다고 주창하고 있다.
　우선, '화혼한재'는 다음과 같은 의미가 된다. 일본인이라는 것, 무엇보다 일본 특유의 야마토 다마시(대화혼, 大和魂)라는 것을 기반으로 해야 한다.
　그러나 중국은 역사도 오래되었고, 문화도 일찍이 개방되어 공자나 맹자 같은 성인, 현자들을 배출했기 때문에 정치 분야, 문학 분야 등에서 일본보다 한 수 위이다. 그러니 중국의 문화유산과 학문도 함께 습득하여 재능을 키워야 한다.

　중국의 문화유산과 학문에는 많은 책이 있지만, 공자의 가르침을 기록한 『논어』가 그 중심이다.
　'사혼상재(士魂商才)'라는 말도 비슷한 의미로, 사람 사는 세상에서 자립해 나가기 위해서는 무사와 같은 정신이 필요하다는 것은 두말할 나위가 없다.

그러나 무사 정신에만 치우쳐 '상재'가 없으면 경제적인 면에서 자멸을 자초하게 된다. 그래서 사혼(士魂)과 함께 상술(商術)이 있어야 한다.

그 사혼(士魂)이 독서를 통해 양성할 수 있는 거라면, 그에 맞는 여러 가지 책이 있겠지만, 역시 『논어』가 가장 사혼 양성의 근간이 되는 책이라고 생각한다.

그러면 상재는, 어떤가 하면, 역시 『논어』로 충분히 양성해낼 수 있다.

도덕을 다룬 책과 상술(商術)은 아무런 관련이 없어 보이지만. 상재라는 것도 원래는 도덕을 근간으로 하고 있다. 부도덕이나 거짓말, 겉만 번지르르하고 속이 텅 빈 상재는 결코 진정한 상재가 아니다. 그런 것은 기껏해야 보잘것없는 재능이나 머리가 조금 잘 돌아가는 정도에 불과한 것이다.

이처럼 상재와 도덕이 떼려야 뗄 수 없는 것이라면, 도덕서인 『논어』를 통해 상재도 충분히 기를 수 있는 것이다. 또한 세상을 살아간다는 것은 매우 힘든 일이지만 논어를 잘 읽고 음미하게 되면 거기서 큰 힌트를 얻을 수가 있다.

그래서 나는 평소 공자의 가르침을 존경하고 신봉하는 동시에 논어를 인간 사회에서 살아가기 위한 절대적인 가르침으로 여기며 항상 곁에 두고 있다.

일본에도 현자나 호걸들은 많다. 그중에서도 가장 전쟁을 잘 하고 세상과 어울려 살아가는 법에 탁월했던 인물은 도쿠가와 이에야스(德川家康, 1543~1616) 공이다.

그는 세상과 잘 어울렸기 때문에 많은 영웅과 호걸들이 그에게 굴복하여 15대까지 이어진 도쿠가와 막부(幕府)를 세울 수 있었다. 그로 인해 2백년 동안 사람들이 발을 뻗고 잘 수 있었다. 이는 대단한 위업이라고 말할 수 있다.

그런 세상과 잘 어울렸던 이에야스 공이기에 여러 가지 교훈을 남기고 있다.

유명한 『신군유훈(神君遺訓)』에는 지금도 일본이 참고로 해야 할 세상과 관계 맺는 법이 잘 설명되어 있다. 그리고 그런 『신군유훈』을 내가 『논어』와 비교해보니 그 두 가지는 아주 잘 맞아떨어진다. 역시 신군유훈의 대부분은 논어에서 나온 것임을 알 수 있었다.

예를 들어, "사람의 일생은 무거운 짐을 지고 먼 걸을 가는 것과 같다."라는 말은 논어 속의 "지도적 위치에 있는 사람은 넓은 시야와 강한 의지력을 가져야 한다. 왜냐하면 그 책임이 무겁고 갈 길은 멀기 때문이다. 어쨌든 인(仁)의 실현을 내가 할 일로 삼아야 한다. 무거운 책임이라고 할 수밖에 없지 않은가.

게다가 그런 책임을 짊어지고 죽을 때까지 쉬지 않고 걸어가야 한다. 정말 먼 길이라고 할 수밖에 없지 않은가?"라는 증자(曾子)의 말과 겹친다.

또 하나의 유훈이 있다. "자책하거나 남 탓을 하지 말라."는 말은 "자신이 서고 싶으면 먼저 남을 서게 해주라. 자기가 손에 넣고 싶은 것이 있으면 먼저 남이 얻게 해주라!"는 구절의 의미에서 따 온 것이다.

  더 나아가 "모자란 것이 지나침보다 낫다."는 유훈은, "정도를 지나친 것은 미치지 못하는 것과 같다 : 과유불급(過猶不及)"이라는 공자의 가르침과 일치한다.

  이에야스가 "인내가 무사 안녕의 근본이다. 분노는 적이라고 생각하라."고 언급한 부분도 "자신을 극복하고 사회질서에 순응하라."는 의미에서 따온 것이다.

  "사람은 오직 자기 분수를 알아야 한다, 풀잎에 맺힌 이슬도 제 무게로 인해 떨어지나니…"

  "부자유함을 항시 염두에 두면 부족함이 없고, 마음에 얻고자 하는 생각이 들면 곤궁했을 때를 기억해야 한다."

  "이기는 것만 알고 지는 것을 모른다면, 그 피해는 고스란히 자신에게 돌아온다." 등과 같은 유훈은 모두 "너 자신을 알라."는 가르침에 불과한데, 이런 의미의 말은 논어의 각 장에서 여러 번 반복해서 설파하고 있다.

  그러나 일반인이 공자의 학문을 논할 때. 공자의 정신을 잘 탐구하고 글의 행간과 이면까지 읽어내지 않으면 자칫 피상적으로 읽힐 우려가 있다. 그래서 나는 "사회에서 살아남으려면 먼저 논어를 숙독하라."고 하는 것이다.

  요즘은 세상의 발전에 따라 서양 각국에서 새로운 학설이 들어오고 있다.

  그러나 그 새로움은 우리가 보기에는 여전히 낡은 것이다.

이미 동양에서 수천 년 전부터 일컬어지고 있는 것과 같은 것을 단지 말만 번드레하게 바꾸어 놓은 것에 불과하다고 생각되는 것들도 많다.

서양에서 날로 발전하는 새로운 것을 연구하는 것도 필요하지만, 동양에서 예로부터 전해오는 낡은 것 중에도 결코 버릴 수 없는 것들이 적지 않다는 것을 잊어서는 안 된다.

『논어』는 모든 사람에게
공통된 실용적인 교훈

　메이지(明治) 6년(1873)에 관료를 그만두고 원래 희망했던 실업계에 들어가게 되면서 『논어』와 특별한 인연을 맺게 되었다. 처음 장사꾼이 된다고 했을 때, 문득 느낀 것이 있었다.
　"이제 앞으로는 바야흐로 조금씩 이익을 내면서 사회 속에서 살아가야 한다.
　그러자면 어떤 포부를 가져야 할까?"라는 생각이었다.
　그때 예전에 익혀두었던 『논어』가 떠올랐다. 논어에는 자신을 수양하고 사람들과 교제하기 위한 일상의 가르침이 담겨있다. 논어는 가장 결함이 적은 교훈이니 이 논어의 논리로 장사를 할 수 있지 않을까 생각했다. 그리고 나는 논어의 교훈에 따라 장사를 하고 경제 활동을 할 수도 있겠다는 확신이 들었다.
　때마침, 타마노 세이리(玉乃世履, 1826~1886, 明治시대의 청렴한 사법관료, 대법원장을 역임) 라는 사람이 찾아왔다. 그는 이와쿠니(岩國: 지금의 야마구치 현의 한 도시) 출신으로 후에 대심원장(현 최고재판소장)까지 올랐다. 글도 잘 쓰고 문장도 뛰어나며 매우 성실해 주변에서 "타마노(玉乃)와 에이이치(본인)야말로 제대로 된 관료다!"는 말을 들을 정도였다.

우리 두 사람은 관청에서도 매우 친하게 지냈고, 출세 정황도 비슷하여 천황이 직접 임명하는 직책인 칙임관(勅任官)까지 올랐다. 우리는 "앞으로 같이 국무 대신까지 되자!"라는 희망을 품고 나아가고 있었다.

그래서 내가 갑자기 관료를 그만두고 상인이 되겠다는 말을 듣고는 매우 아쉬워하며 "꼭 다시 생각해보라!"며 극구 만류했다.

나는 당시 이노우에 카오루(井上 馨: 일본 재무대신 역임, 정치계 원로) 씨 밑에서 차관을 맡고 있었다. 이노우에 씨는 관료제도에 관해 당시 내각과 의견을 달리하여 거의 싸우다시피 하면서 퇴임했다. 그리고 나도 이노우에 씨와 함께 사직한 모양새가 되었으니 나도 내각과 싸우고 나서 그만둔 것처럼 보였던 것 같다.

물론 나도 이노우에 씨와 마찬가지로 내각과는 의견이 달랐지만 내가 사임한 이유는 그 때문이 아니다. 취지가 다르다. 내 사직의 원인은 이러하다.

당시 일본은 정치적, 교육적으로 꾸준히 개선해 나가야 할 필요가 있었다. 그러나 그중에서도 상업이 가장 부진했다. 상업을 진흥시키지 않으면 일본은 부강한 나라가 될 수 없다.

어떻게든 다른 방면과 동시에 상업을 진흥시켜 나가지 않으면 안 된다고 생각했다.

그때까지만 해도 "임대 집 팻말(貸家札)을 당나라식 한문체로 쓰는 3대손"(창업의 고생을 모르는 3대손이 선대가 장만해둔 집을 지키지 못하고 팔아버리는 사례) 이라고 하여 장사에는 학문이 필요 없고 학문을 익힌 게 오히려 해가 된다고 생각하던 시대였다. 그래서 나는 제 분수도 모르고 학문을 통해 경제 활동을 해보아야겠다는 결심으로 상인이 된 것이다.

하지만 거기까지는 아무리 친구 사이라도 알 수 없는 일이었다. 그래서 나의 사임을 싸움질 끝에 벌어진 돌발행동쯤으로 오해하고 내가 큰 잘못을 저지르고 있는 것이라고 비난했다. "자네도 머지않아 장관이 될 수 있고, 대신도 될 수 있으니 우리가 서로 관직에 있으면서 나라를 위해 봉사하는 몸이다. 그런데도 천박한 돈에 눈이 멀어 관직을 버리고 상인이 되다니 정말 기가 막힐 일이다, 나는 지금까지 자네를 그런 인간이라고는 생각하지 않았다."라고 충고했다.

그때, 나는 타마노(玉乃)에게 강한 어조로 반박하고 내 입장을 설득했는데, 그때 인용한 것이 『논어』였다.

중국 송나라의 명신 조보(趙甫)가 "논어의 절반은 자신이 섬기는 황제를 돕는 데 쓰고 나머지 절반은 자신을 수양하는 데 사용한다."라는 등의 말을 인용하며 "나는 논어의 가르침으로 일생을 관철해 보이겠다. 돈을 다루는 것이 왜 천한가? 자네처럼 돈을 천하게 여긴다면 국가는 존립할 수가 없다. 민간인 보다 관직에 있는 자가 귀하다거나 작위가 높다는 것은 사실 그리 고귀한 일도 아니다, 인간이 해야 할 귀한 일은 곳곳에 널려 있다. 관직만 귀한 게 아니다."라고 『논어』를 인용하면서 여러 가지로 반론과 설명을 해주었다.

그리고 나는 『논어』를 가장 흠잡을 데 없는 책이라고 생각해왔기 때문에 『논어』의 교훈을 기준으로 삼아 평생 장사를 해보기로 결심했다. 메이지 6년(1873)의 일이었다.

그 후로 기세를 몰아 『논어』를 숙독해야겠다고 생각했고, 나카무라 케이우(中村敬宇 본명은 마사나오(政直, 1832~1891) 선생과 시노부 죠켄(信夫恕軒 1835~1910) 선생의 강의를 듣게 되다. 모두 바빠서 끝까지 계속할 수는 없었지만, 최근에는 우노 테츠토(宇野哲人, 1975~1974) 선생에게 부탁하여 다시 공부를 재개했다. 주로 아이들을 가르치고 계셨지만 나도 꼭 참석해서 같이 듣고 여러 가지 질문을 하기도 한다. 해석에 관해 다른 의견들이 나오기도 하는데 꽤 재미있고 유익하다. 한 장씩 강의하고 나서 모두 같이 생각해 보고 다들 이해한 후에 진도를 나가기 때문에 좀체 진척이 잘 되진 않으나 대신 의미는 더 잘 알게 되고 아이들도 아주 재미있어한다.

『논어』는 결코 어려운 학문의 이론이 아니다. 난해한 문장을 읽는 학자가 아니면 이해할 수 없는 것도 아니다.
『논어』의 가르침은 널리 세상에 통용될 정도로 원래 이해하기 쉬운 것이다.

그런데 학자들이 어렵게 만들어서 농민이나 장인, 상인 등이 관여해선 안 되고 상민들은 『논어』를 손에 넣어선 안 되는 것으로 만들어버렸다. 이는 큰 잘못이다. 이런 학자는 굳이 비유하자면 시끄럽고 까다로운 문지기와 같아서 공자에겐 방해꾼 같은 존재다. 이런 문지기에겐 아무리 잘 부탁해도 공자를 만날 수 없다. 공자는 결코 까다로운 사람이 아니라 의외로 소탈하여 상인이든 농부든 누구라도 만나서 가르침을 줄 수 있는 분이다. 공자의 가르침은 실용적이고 가까이서 흔히 들을 수 있는 가르침이다.

적어도 사람으로 태어나서, 특히 청년기에 투쟁만은 절대로 피하려는 비굴한 근성만 가지고는 진보나 성장을 결코 기대할 수 없다. 또한 사회를 발전시켜 나가기 위해서도 갈등이 필요하다는 것은 두말할 나위도 없을 것이다.

하지만 굳이 투쟁을 피하지 않는 동시에 기회가 올 때까지 인내심을 가지고 기다리는 것도 험한 세상을 헤쳐 나가는 데는 필수적인 일이다.

▶ 무사 사무라이의 모습(1866년, 26세 때)

나는 지금도 물론 싸워야 할 곳에서는 싸우기도 하지만 인생의 절반이 넘는 긴 경험을 통해 조금은 깨달은 부분이 있다. 그래서 젊은 시절처럼 그렇게 빈번히 다투기까지는 않게 되었다고 자평(自評)한다.

그 이유는 이러한 사정이 있기 때문이다.

세상사에는 "이리하면 반드시 이렇게 된다."는 원인과 결과의 인과관계가 있다.

그런데 그것을 무시하고 이미 어떤 사정이 원인이 되어 어떤 결과를 낳았는데 갑자기 옆에서 튀어나와 형세를 바꿔보려고 아무리 발버둥을 쳐도 인과관계는 쉽게 끊어지지 않는다. 어느 시점에 도달하기 전까지는 그 흐름을 바꾸는 것들은 사람의 힘으로는 도저히 불가능하다고 생각하게 되었다.

  사람이 세상을 잘 헤쳐 나가기 위해서는 일의 형편과 추이를 주의 깊게 살펴보면서 여유를 가지고 기회가 올 때까지 기다리는 것도 잊지 말아야 할 마음가짐이다. 옳은 것을 왜곡하려는 자, 믿는 것을 짓밟으려는 자와는 어떤 일이 있어도 맞서 싸워야 한다. 젊은이들이 이를 명심하고, 한편 나 또한 기회가 올 때까지 느긋하게 기다릴 줄 아는 인내심도 필요하다는 것을 젊은이들이 꼭 유념해 주었으면 한다.

사람은 평등해야 한다

 개인의 적성과 소질을 파악해 적재적소에 인재를 배치한다는 것은, 어느 정도 사람을 쓰는 입장에 있는 사람이라면 늘 입에 달고 사는 말이다. 그리고 동시에 항상 마음 한구석에 어려움을 느끼게 하는 일이기도 하다.
 한 가지 더 생각나는 것은 사람을 적재적소에 배치하는 것의 이면에는 어떤 종류의 술책이 숨어 있는 경우가 있다는 것이다. 자신의 권력을 더 강화하려고 획책하는 경우 이런 수법이 자주 사용된다. 즉, 자기 부하 중에서 좋은 인재를 적소에 집어넣어 한 발 한 발, 한 단계 한 단계씩 서서히 자신의 세력을 심어 나가며 조금씩 자신의 권력 기반을 다져나가는 것이다.
 이렇게 궁리하는 자는 마침내 자기 파벌의 권력을 손에 쥐고 정치와 실업계, 나아가 사회 곳곳에서 흔들리지 않는 패권을 장악할 수 있다. 그러나 이런 방식은 내가 배울 만한 방법이 절대 아니다.

 예나 지금이나 일본에서 도쿠가와 이에야스(德川家康, 1543~1616)만큼 적재적소에 적임자를 배치하여 자신의 세력을 한껏 확장해낸 인물은 없을 것이다. 그 모습을 조금 소개해 보기로 하자.

그는 먼저 장군이 거주하는 에도(江戶)의 경비 역으로 대대로 도쿠가와 가문을 섬기며 충성심이 강한 가신들을 데리고 관동지방 대부분을 굳건히 지켰다. 또한 검문소가 있는 하코네(箱根) 인접지에는 충신 가문의 오오쿠보 타다치카(大久保忠隣)를 사가미(相模, 현재 가나가와 현)지방 수장으로서 오다와라(小田原, 현재 가나가와 현의 한 도시)에 배치했다.

이른바 고산케(御三家: 장군과 직계가 되는 세 가문)는 먼저, 미토 가문(水戶家)으로 하여금 동쪽 입구를 지키게 하고, 오와리 가문(尾張家)에게는 동서를 잊는 동해 지방을 관장케 했으며, 기슈 가문(紀州家)은 서쪽 오사카 권역을 배후에서 장악하도록 했다. 거기에 이이 나오마사(井伊直正)를 히코네(彦根, 지금의 시가 현에 두어 황실이 있는 교토(京都)권을 지키는 등 그 인물의 적소 배치는 매우 치밀하게 이루어졌다.

그밖에도 에치고(越後)의 사카키바라(榊原), 아이즈(會津)의 호시나(保科) 데와(出羽)의 사카이(酒井), 이가(伊賀)의 후지 토우도우(藤堂) 등으로, 중부지방과 큐슈지방은 물론 일본 전국에 걸쳐 요충지에는 반드시 대대로 충성심이 두터운 가신들을 두어 장래 위협이 될 수 있는 다이묘(지역 영주)들이 옴짝달싹하지 못하도록 손을 썼다. 이렇게 해서 도쿠가와 3백년의 국가 체제를 구축한 것이다.

그 결과 얻은 이에야스의 패권이 일본의 전통적 체제에 부합했는지의 여부는 필자가 새삼 비판할 여지가 없다. 그러나 적임자를 배치하는 솜씨에 있어서는 고금을 통해 이에야스에 필적할 만한 인물을 일본 역사에서 찾아보기 힘들다.

나는 이 적임자를 적재적소에 배치하는 법을 공부하면서, 이에야스의 지혜를 본받으려고 부단히 애쓰고 있다.

그러나 인재 배치의 의도나 목적에 관해서까지 이에야스를 본받을 생각은 손톱만큼도 없다, 본인 에이이치는 온전히 내 마음으로 나와 함께 할 사람을 찾고 상대하는 것이다. 그 사람을 도구로 삼아 자신의 세력을 키우겠다든가 하는 사심과는 전혀 무관하다. 다만 나의 순수한 심정과 판단으로 적임자를 적재적소에 배치하고자 하는 것이다.

적임자가 적재적소에서 일하고 그 결과 어떤 성과를 내는 것은 그 사람이 국가 사회에 이바지하는 참된 길이다. 그것은 나, 에이이치가 국가 사회에 기여하는 길이기도 하다.

나는 이 신념으로 사람을 기다린다. 음모에 휘말려 그 사람에게 오점을 남기거나, 그 사람을 비장의 무기로 삼아 내 손에서 절대 놓아주지 않는 죄악을 저지르는 일은 절대 하지 않을 것이다. 그 사람이 활동하는 세상은 자유로워야 한다. 에이이치 밑에서 활동할 무대가 좁다고 한다면 당장에라도 에이이치와 결별하고 자유롭게 넓은 바다와 같이 큰 무대로 나가 마음껏 활동할 수 있는 모습을 보여주기를 진심으로 바란다.

내게 약간의 장점이 있다고 하여 머리를 숙이고 나와 함께 일해 줄 인재도 있을 것이다, 하지만 그가 경험이 조금 부족하다고 해서 그에게 위압적인 태도를 보이는 일 따위는 하고 싶지 않다. 사람은 평등해야 한다. 그리고 그 평등은 사리 분별과 예의. 양보가 있어야만 성립되는 것이다.

　나를 덕이 있는 사람이라고 생각하는 사람도 있겠지만, 나도 타인을 덕이 있는 사람이라고 생각한다. 결국, 세상은 서로가 도움을 주고받는 것이다. 나도 스스럼없이 남을 대하고, 상대도 나를 얕보지 않고 서로를 신뢰하며 상호 간 틈새가 벌어지지 않게 되도록 애쓰고 있다.

분쟁은
좋은 것인가, 나쁜 것인가?

세상에는 어떤 경우에도 분쟁하는 것은 좋지 않으니 분쟁은 절대로 일어나지 않게 해야 한다. 성경의 '남에게 오른쪽 뺨을 맞으면, 왼쪽 뺨도 내밀어라.'를 말하는 이들도 있다.

그렇다면 타인과 다투는 것이 사람이 살아가는 데 있어 과연 이익이 될까, 아니면 오히려 불이익을 주는 것일까? 그것이 막상 실제 문제로 닥치면 사람마다 의견이 아주 다를 것 같다. "갈등이 다 없어져서는 안 된다."라는 사람이 있는가 하면 "절대 없어져야 한다!"라고 생각하는 사람들도 있다.

내 개인 생각으로는 갈등은 어떻게든 없애야만 할 것이 아니라, 세상을 살아가는 데는 꼭 필요한 것이라고 믿는다.

나에 대한 세평 중에는 "지나치게 원만하다."라는 비난도 들려온다. 그러나 나는 쓸데없이 다투는 일은 하지 않지만, 세상 사람들이 생각하는 것처럼 무슨 일이 있어도 분쟁만은 피하는 것을 세상 살아가는 유일한 지침으로 삼고 있는 것처럼 마냥 원만하기만 한 사람도 아니다.

고대 중국의 사상가 맹자(孟子, AD 370~290)는 "적국이나 외환이 없으면 나라는 반드시 망하게 되고 만다."라고 했다. 참으로 지당한 말씀이며, 국가가 건전한 발전을 해나가기 위해서는 상공업에서나, 학문과 예술, 공예, 그리고 외교에서도 항상 외국과 싸워서 반드시 이겨내겠다는 의지가 있어야 한다.

국가뿐만 아니라 한 개인에게 있어서도 항상 주변에 적이 있어서 이에 시달리며 그 적과 싸워서 반드시 승리해 보이겠다는 기개가 없으면 성장도, 발전도 결코 이루기 힘들다. 후배들을 지도하는 선배에게도 얼핏 보아 두 가지 유형의 인물이 있는 것 같다.

첫째, 매사에 부드럽고 친절하게 후배를 대하는 사람이다. 무슨 일이 있어도 후배를 비난하거나 괴롭히지 않고 지나치게 친절을 베풀어 후배를 돋보이게 하고 후배를 적대시하는 일은 절대 하지 않는다. 또한 후배에게 어떠한 결점이나 실수가 있더라도 반드시 편을 들어주며 끝까지 후배를 지켜주는 것을 신조로 삼는 사람이다. 이런 유형의 선배는 후배들로부터 두터운 신뢰를 받고 자상한 어머니를 대하듯 그리움과 사랑을 받게 된다. 그러나 이런 선배가 과연 후배들에게 진정한 이익이 될 수 있을지는 다소 의문이다.

다른 유형은 이와는 정반대로, 언제든 후배를 적대시하는 태도를 보이는 유형이다. 후배의 발목을 잡고 잘못을 저지르면 기뻐하는가 하면 후배에게 뭔가 조그만 결함이라도 있으면 바로 윽박지르고 꾸짖으며 비난하는 사람이다. 한 번 실수라도 하면 돌이킬 수 없을 정도가 될 때까지 힘들게 후배를 괴롭힌다. 이처럼 언뜻 보기에 잔혹한 태도를 보이는 선배는 종종 후배들의 원성을 사기도 하고 후배들로부터의 인기는 극히 저조하다. 하지만 이런 선배는 정말 후배들에게 어떠한 이익도 되지 않는 것일까? 이 점에 대해서는 젊은 여러분들이 한 번쯤 깊이 생각해봐야 할 문제라고 본다.

아무리 단점이 있어도, 또 실수를 저질러도 끝까지 지켜주는 선배의 도타운 친절함은 정말 고마운 일이 아닐 수 없다. 하지만 이런 선배밖에 없다면, 후배들의 분발심을 심히 저해하게 될 것이다. "설사 실수를 하더라도 선배들이 용서해준다." 라든지, 극단적인 예로 "어떤 실수를 해도 선배들이 뒤치다꺼리를 해줄 테니 걱정하지 않아도 된다."라는 등 극히 안일한 마음가짐으로 일에 임할 때가 문제다. 세심한 주의를 기울이지 않거나 경솔한 행동을 하는 후배로 만들어버리고 종국에는 후배의 분발심을 저해하는 결과를 초래할 수밖에 없다.

이에 반해 후배를 큰 소리로 야단치고 헐뜯으며 항상 후배의 발목을 잡아당기려는 선배가 있으면 그 밑에 있는 후배는 한순간도 방심할 수 없고 일거수일투족에 빈틈이 생기지 않도록 신경을 쓰게 된다. "그 사람에게 발목을 잡히는 일이 있어서는 안 되니까." 그러면 후배들이 자연스럽게 행동에도 주의를 기울이게 되고 흥에 겨워 도를 지나치거나 게으름을 피우지 않게 되며 몸가짐에 다들 신경을 쓰고 바짝 긴장하게 된다.

훌륭한 사람이
그 진가를
시험받을 수 있는 기회

진정한 역경이란 어떤 경우를 말하는지 실례를 들어 설명해보고자 한다.

대체로 세상은 순조롭고 평온하게 흘러갈 것 같은 일에도 물결이 일거나 갑자기 세찬 바람이 이는 것과 같은 변화를 겪을 때가 있다. 마찬가지로 평온한 국가 사회에서도 때로는 혁명이나 변란 같은 일이 일어나지 않는다고 단정할 수 없다. 이는 평온했던 시절과 비교하면 분명 정반대의 상황임은 분명하다. 이런 변란의 시대에 태어나서 원치 않게 그 소용돌이에 휘말리는 것이 불행한 자이며, 진정한 역경에 서게 되는 것이 아닐까. 그렇다면 나 역시 그런 역경 속에서 살아온 사람 중 하나다. 나는 메이지 유신 전후, 세상이 가장 시끄러웠던 시대에 태어나 다양한 변화에 맞닥뜨리며 오늘에 이르렀다.

돌이켜보면, 메이지 유신 때와 같은 세상의 변화에는 아무리 지혜와 능력이 있는 사람이라도, 또 노력가라 할지라도 생각지도 못했던 역경에 처하거나 평온했던 환경이 일순간에 사라져버리는 것 같은 일이 발생한다.

실제로 나는 처음에는 존왕도막(尊王倒幕: 천황을 모시고 도쿠가와 막부를 타도)과 양이쇄국(攘夷鎖國: 외국을 배척하고 쇄국을 하는 통치)을 주장하며 동분서주했다.

그러나 나중에는 히토츠바시(一橋) 가문의 시종으로 막부(幕府)의 신하가 되었고 이후 민부 코우시(民部公子), 도쿠가와 아키다케(德川昭武)를 수행하여 프랑스로 건너간 것이다. 그러나 일본으로 돌아와 보니 막부는 이미 멸망하고 세상은 왕정으로 바뀌어 있었다. 그동안의 변화에 있어서 어쩌면 내 지혜나 능력이 부족했던 부분도 있었을지 모른다. 그러나 노력하는 측면에서는 나름대로 최선을 다했고 부족함이 없었다고 생각한다. 그럼에도 불구하고 사회의 변환이나 정치 체제의 쇄신에 직면했을 때, 나 혼자의 힘으로는 그 상황을 어찌할 도리가 없었다. 나는 정말 역경에 처한 사람이 되고 말았다.

그 당시 어려운 지경에 처해있던 시절, 정말 힘들었던 기억이 지금도 생생하다. 그 당시 나 혼자만 힘들었던 것이 아니라 꽤 많은 인재 중 나와 같은 처지에 놓인 사람들이 적지 않았을 것이다.

큰 변화의 흐름 속에서 이것은 결국 피할 수 없는 결과였다. 이런 큰 파란은 일지 않는다 해도 시대의 흐름에 따라 인생에는 항상 크고 작은 굴곡이 있는 것은 어쩔 수 없는 일이다.

따라서 그런 와중에 휘말려 역경에 처하는 사람도 언제든지 있

▶ 서양예복을 입은 시부사와 만국박람회 시기(1867년, 27세 때)

을 수 있는 것이기에 "세상에 역경은 절대 없다."라고 단언할 수는 없는 것이다. 다만 역경에 처한 사람은 반드시 그 원인을 찾아서 그것이 '사람이 만든 역경'인지 아니면 '사람의 힘으론 어쩔 수 없는 역경'인지를 구분해야 한다. 그런 다음에 어떻게 대처할 것인가 그 대책을 세워야 한다. 이 중 '인력으로선 어쩔 수 없는 역경'은 뛰어난 인재가 자신의 진가를 시험받는 기회임이 틀림없다. 그렇다면 그런 때에는 어떻게 대처해야 하는가? 나는 신이 아니기 때문에 특별한 비결을 가지고 있을 리가 없다. 또한 인간 사회에서 그런 비결을 아는 사람은 아마도 없을 것이다. 하지만 나 자신이 역경에 처했을 때 스스로 여러 가지를 시도해 보고 무엇이 옳은 길인가 하는 관점에서 생각해 본 적은 있다.

그 내용을 여기서 밝혀보자면, 역경에 처했을 때 어떤 사람이든 먼저 그런 역경에 대처하는 것이 자기 본분(자신에게 주어진 사회 속에서의 역할 분담)이라는 각오를 다지는 것만이 유일한 대책이 아닐까 하는 것이다. 현재에 만족할 줄 알고, 자신의 방어범위를 지키는 것이다.

"아무리 고민해도 결국 천명(天命:신에게서 주어진 운명)이니 어쩔 수 없다."라고 포기할 수 있다면 아무리 감당하기 어려운 역경 속에서도 마음의 평온을 유지할 수 있을 것이다.

하지만, "이런 상황은 모두 사람이 만들어낸 것"이라고 해석하고, 인간의 힘으로 어떻게든 해결할 수 있다고 생각한다면, 쓸데없는 헛수고만 늘어날 뿐, 아무리 애를 써도 아무것도 이룰 수 없는 결과를 초래할 것이다.

결국에는 그 역경 속에서 지쳐 널브러져 내일을 어떻게 해야 할지조차 생각할 수 없게 될 것이다. 그러므로 사람이 어찌할 수 없는 역경에 대처할 때는 천명에 몸을 맡기고 차분하게 다가올 운명을 기다리면서 꾸준히 노력하는 것이 좋다. 이와 반대로 '사람이 만든 역경'에 빠지면 어떻게 해야 할까? 이것은 대부분 자신이 한 일의 결과이기 때문에 어쨌든 자신을 반성하고 잘못된 점을 고쳐 나가는 수밖에 없다. 세상은 자신이 생각하기 나름인 측면이 많고, 스스로 "이렇게 하고 싶다. 저렇게 하고 싶다."라고 정한 후 그 방향으로 진심으로 노력해가면 대개는 그 뜻대로 이루어지게 되는 법이다.

그런데 많은 사람이 스스로 행복한 운명을 만들어 나가려고는 하지 않고, 오히려 처음부터 자신을 비뚤어진 인간으로 만들어 역경을 불러일으키는 짓을 하는 경우가 많다. 그렇게 된다면, 잘 나가는 환경에 안주하거나 남은 삶을 행복하게 보내고 싶다고 해도 그것을 얻어낼 수가 없지 않겠는가?

게(蟹) 구멍주의가 중요하다

나는 오늘날까지 충서(忠恕), 즉 양심적이고 배려하는 자세로 일관한다는 생각을 사회생활 방침으로 여기며 살아왔다.

예로부터 종교가나 도덕가 같은 사람들 가운데는 훌륭한 학자들이 많이 태어나 갈 길을 가르치거나 법도를 세워왔다. 그러나 결국 그것은 수신(修身), 즉 자신을 연마하는 일에 전념한 것이 아닐까 싶다. 자신을 연마한다는 것도 장황하게 설명하면 어려워지지만, 쉽게 말하면 젓가락을 들었다 놓는 동안의 마음가짐에도 충분히 그 의미가 담겨있다고 생각한다. 나는 그런 의미에서 가족에게도, 손님에게도, 그밖에 편지 같은 것을 훑어볼 때도 정성을 다하고 있다.

공자는 이 의미를 다음 구절에서 적절하게 설명하고 있다.

"공자가 성문으로 들어갈 때는 몸을 굽혀서 들어갔다. 마치 군건한 성문이 자기 몸을 받아들여 주지 않으면 어쩌나 걱정하는 듯한 자세를 취했다.

성문 한 가운데에 멈춰 서지도 않았고, 성문을 지날 때도 문턱은 밟지 않고 통과했다. 군주가 앉는 자리를 지나갈 때면 군주 본인이 그 자리에 없어도 긴장한 표정이었고, 발걸음도 조심스러웠다. 말

투도 어눌하고 말주변이 없는 사람 같았다. 도포 앞자락을 들어 올리고 당으로 올라가는데, 그 순간 몹시 황공스러워하는 것 같았다. 숨을 멈추고 마치 숨을 쉬지 않는 것처럼 보였다. 당에서 나와 한 계단 내려가자 그제야 얼굴이 풀리고 부드러워졌다. 계단을 내려와 잰걸음으로 걸어갈 때 비로소 도포 아랫자락이 좌우로 가볍게 흔들렸다, 제자리로 돌아오자 다시 진중한 태도를 되찾았다."

또한 제사나 손님 접대, 의복, 일상생활에 대해서도 차례로 언급하고 있으며, 음식에 대해서도 다음과 같이 말하고 있다.
"밥은 가능한 한 정백한 것을 먹고, 고기는 될 수 있으면 잘게 다진 것을 먹었다. 밥이 변질하여 맛이 변했거나 생선이나 고기가 썩었거나 부패한 것은 입에 대지 않았다. 색이 변한 것, 악취가 나는 것도 먹지 않았다. 또한 날 것, 제철이 아닌 것, 들쭉날쭉하게 썬 것, 양념이 요리에 맞지 않는 것도 먹지 않았다."
이는 극히 신변잡기와 같은 예이지만 도덕과 윤리는 이런 자기 몸 주변의 일들 속에 있는 것이 아닐까 싶다.

이렇게 젓가락을 들었다 놓는 순간에도 마음을 쓸 수 있게 된다면, 그다음으로 유념해야 할 점은 다음과 같다.
"자기 자신을 안다."라는 것이다. 세상에는 너무 자신의 힘을 과신하고 자신의 분수를 넘어서는 욕망을 가진 사람들이 있다. 그러나 나아갈 줄만 알고, 자기 분수를 지킬 줄 모르면 큰 실수를 범할 수가 있다.
나는 "게(蟹)는 제 껍데기에 맞는 구멍을 판다."라는 원칙으로

'에이이치의 분수'를 지키려고 마음을 다지고 있다. 나 같은 사람도 지금으로부터 십여 년 전에 "꼭 재무대신이 되어 달라!"든가, "일본은행 총재가 되어 달라!"는 제의를 받은 적이 있다. 하지만 "나는 메이지 6년(1873년)에 느낀 바가 있어 실업계에 구멍을 파고들어 갔기 때문에 이제 와서 그 구멍에서 빠져나올 수도 없다."라고 생각하며 단호히 거절했다.

공자는 "나아가야 할 때는 나아가고, 멈춰야 할 때는 멈추고, 물러서야 할 때는 물러나야 한다."라고 말씀하셨다. 확실히 사람은 그 나아갈 곳의 진퇴, 즉 봉사할 때와 그만둘 때의 결단이 중요하다. 그렇다고 해도 자신의 분수에 맞는다고 만족해버리고 의욕적으로 새로운 일을 하고자 하는 마음을 잊어서는 아무것도 할 수 없다.

그래서 "해야 할 일을 완수하지 못하면 죽어도 고향에 돌아가지 않는다.", "큰일을 성취해 내기 위해서는 작은 일에 집착해서는 안 된다." "남자라면 일단 결심했으면, 반드시 더 뻗어나갈 것인가, 되돌아갈 것인가를 결단하는 쾌거를 시도해 봐야 한다." 등의 격언을 명심하는 것이 중요하다.

그리고 동시에 자신의 분수를 잊지 말고 균형을 잡아야 한다.

공자는 "하고 싶은 대로 해도 도를 지나치지 않는다."라고 말했는데, 이 말씀대로 자신의 분수에 만족하며 나아가는 것이 좋다.

다음으로 젊은 사람들이 가장 주의해야 할 것은 희로애락(喜怒哀樂)이다,

아니 젊은 사람들만 그래야 하는 것이 아니다. 인간이 세상과의 관계를 잘 못 맺는 계기가 되는 것은 어느 순간 갖가지 감정이 폭발해 버리기 때문이다.

공자도 "간수(關雎)라는 옛 음악은 즐거움의 표현에 너무 치우치지 않고, 슬픔의 표현에도 너무 빠져들지 않았다."라고 말했다. 즉, 희로애락은 균형을 잘 맞춰야 한다는 것이다. 나도 동료들과 술을 마시기도 하고, 놀기도 했지만, 항상 너무 달리지 말고 너무 빠지지도 말자는 한계를 체득하고 있었다. 이를 한마디로 요약하면 나의 원칙은 "모든 일의 기준은 성실함이다."라는 말 이외 다름 아니다.

득의(得意)에 차 있을 때와 실망할 때

　일반적으로 재앙의 대부분은 사람들이 득의에 차 있을 때 싹트기 마련이다.
　득의양양해 있을 때는 누구나 우쭐해지기 쉬운 경향이 있으므로 재앙은 이 결점을 파고드는 것이다. 그렇다면 세상을 살아가는 데는 이 점에 유의하고 득의만만해서 긴장을 풀거나 하지 말고 반대로 실의에 빠지게 되더라도 낙담하지 말고 항상 같은 마음가짐으로 도리를 지켜나가도록 노력하는 것이 중요하다.
　이와 함께 '큰일'과 '사소한 일'에 대해서도 잘 생각해야 한다.
　실의에 빠질 때면 '사소한 것'에도 신경을 쓰게 되지만, 득의에 차게 되면 많은 사람의 생각은 "뭐 이런 걸 다 가지고" 하는 식으로 사소한 일에 대해 유독 경멸적인 태도를 보이기 쉽다. 하지만 득의 할 때나 실의에 빠질 때는 항상 '큰일'과 '사소한 일'에 대해 치밀한 마음가짐을 갖지 않으면 생각지도 못한 실패를 겪게 되기 쉽다는 것을 잊지 말아야 한다.
　그러나 젓가락을 들었다 놓는 동안에도 신경을 쓰는 것과 같은 '사소한 것'에 대한 집착은 한계가 있는 정신을 헛되이 소모하게 할 뿐, 그렇게 신경을 쓸 필요가 없는 일이 많다. 또한 '큰일'이라고 해서 그렇게 큰 걱정을 하지 않아도 되는 경우도 있다. 그래서 일의 크고 작음을 표면적으로 관찰하고 바로 판단할 수는 없는 것이다. 또한 '사소한 일'이 오히려 '큰일'로 바뀌기도 하고 '큰일'이 예상과는 달리 '사소한 일'이 되기도 하므로 크고 작음을 떠나서 그 성격을 잘 고려하고 나서 그에 걸맞게 처리하도록 노력하는 것이 좋다.

여기에 한마디 덧붙이고 싶은 것은, 사람이 흥에 겨워 우쭐하는 것은 좋지 않다는 것이다.
"명성이란 항상 힘들고 고단한 일상의 고군분투 속에서 이루어진다. 실패는 득의양양해 있을 때 그 원인을 잉태하게 되는 것이다." 하는 옛말이 있는데, 이 말은 진리이다. 어려움에 대처할 때 '큰 사안'에 직면했을 때와 같은 각오로 임하기 때문에 나중에 명성을 얻게 되는 경우가 많다. 세상에서 성공한 사람이라도 일컬어지는 사람들은 반드시 "그 어려운 일을 잘 해냈다!" "그런 고통을 잘도 견뎌냈다."라는 식의 경험이 있다. 이것이 바로 마음을 다잡고 적극적으로 대처했다는 증거다. 반대로 실패는 대부분 득의에 차 있는 시기에 그 조짐을 보인다. 사람은 득의양양할 때 '사소한 일'을 마주했을 때와 같이 "천하에 내가 못 해 낼 일이 어디 있겠는가?" 하는 기개만으로 어떤 일이든 머리부터 삼키려고 덤비다 보니 계산이 빗나가기 쉽고, 엄청난 실패에 빠지기도 쉽다,
그것은 '사소한 것'에서 '큰일'이 생기는 것과 같은 의미이다.

그러므로 사람은 득의 했을 때 우쭐대지 말고 '큰일'이나 '사소

한 일'에 대해 모두 같은 생각과 판단을 하고 임하는 것이 좋다.

미토 미쯔쿠니(水戶光圀: 도쿠가와 이에야스의 손자) 의 훈계 중에 "작은 것을 분별해 내고 큰일에도 쉽게 놀라지 말라."는 말은 참으로 지혜로운 지적이다.

02

제2장 | 입지(立志)와 학문

지금 일하라!
스스로 젓가락을 들어라
큰 의지와 작은 의지의 조화
훌륭한 인간의 투쟁이란
사회와 학문과의 관계
평생 걸어가야 할 길

지금 일하라!

나는 메이지 유신 이후 얼마 지나지 않아 대장성(현 재무성) 관료가 되었다. 당시 일본에는 물질적, 과학적인 교육은 거의 없었다고 해도 과언이 아니었다.

그때까지 무사(武士)에게 하는 교육에는 수준 높은 내용이 다양하게 준비되어 있었다. 반면에 농·공·상업에 종사하는 사람 중에는 학문을 갖춘 자가 거의 없었다. 유신 이후에도 일반 교육은 수준이 낮았고, 대부분 정치 교육이 주를 이루었다. 대외 무역이 개방되었다 해도 그에 대한 지식이 없었다. 어떻게든 나라를 부강하게 하려고 해도 그에 관한 지식은 더더욱 없었다.

동경(一橋) 고등상업학교(현재 히도츠바시 대학)는 메이지 8년(1875년)에 만들어진 학교인데, 몇 차례나 폐교가 될 뻔했다. 이는 당시 사람들이 상인 따위에게는 높은 지식 같은 게 필요 없다고 생각했기 때문이다.

필자 등은 해외와 교류하기 위해서는 반드시 과학적 지식이 필요하다는 것을 목이 터지라 외쳐왔다.

다행히 조금씩 그 기운이 일어나 메이지 17년(1884~1885년)에는 활기를 띠어 곧 재능과 학문을 겸비한 인재가 배출되기 시작했다.

그 이후 오늘날까지 불과 30, 40년이라는 짧은 세월 동안 일본도 외국에 뒤지지 않을 정도로 물질문명이 발전했다. 그러나 그 사이에 큰 폐해가 발생하기도 했다. 도쿠가와(德川) 약 3백년 동안 태평성대를 이룩한 무력 정치도 남에게 폐해를 끼친 것은 분명하다. 하지만 이 시대에 교육받은 무사 중에는 수준 높고 시야가 넓은 기질과 올바른 몸가짐을 가진 자들도 적지 않았다.

그러나 오늘날의 사람들에게선 그것을 찾아보기 힘들다. 부(富)는 쌓였는지 모르겠지만 애석하게도 무사도라든가 혹은 사회의 기본적인 도덕이라는 것이 사라졌다고 해도 과언이 아닐 것이다. 즉, 정신교육이 완전히 쇠퇴해 가고 있다고 생각하는 바이다.

우리도 메이지 6년(1873) 무렵부터 물질문명의 진보에 미력하나마 전력을 경주하여 다행스럽게도 오늘날에는 유력한 실업가를 전국 각지에서 찾아볼 수 있게 되었다. 또한 국가의 부(富)도 크게 증가했다. 그런데 어쩐 일인지 사람의 품격은 메이지 유신 이전보다 오히려 퇴보해 버린 것 같다. 아니 퇴보 정도가 아니라 소멸하여 가는 것은 아닌지 걱정스럽다. 아무래도 물질문명이 발달한 나쁜 결과 때문에 정신의 진보를 해치게 되어버린 것 같다.

나는 항상 부의 증가와 함께 정신적인 면에서의 향상 역시 그에 비례하여 진행되어야 한다고 믿는다. 사람은 이런 점에서 강한 믿음을 가져야 한다.

나는 농가에서 태어나 높은 수준의 교육은 받지 못했다. 하지만 다행히 중국 고전을 공부할 기회가 있었기 때문에 여기서 일종의 신앙 같은 것을 가질 수 있었다. 나는 사후의 극락도 지옥도 마음에 두지 않는다. 다만 현재에 옳은 일을 했다면 훌륭한 사람이라고 믿는다.

스스로
젓가락을 들어라

 청년 중에는 간절히 일하고 싶은데 의지할 사람이 없다거나, 응원해 줄 사람이 없다거나, 지켜봐 줄 사람도 없다고 한탄하는 사람들이 있다.
 역시 아무리 뛰어난 인재라도 그 재능과 기개, 담력과 지략을 알아봐 줄 수 있는 선배나 환경이 없으면 그 능력을 발휘할 기회를 잡기가 쉽지 않다.
 그래서 유력한 선배를 알고 있거나 친척 중에 유력 인사가 있는 청년은 그 실력을 인정받을 기회가 많으므로 상대적으로 운이 좋다고 할 수 있다.
 그러나 그것은 보통 이하인 사람의 이야기이고, 만약 그 사람이 실력이 있고 뛰어난 머리를 가지고 있다면, 비록 어릴 때부터 유력한 지인이나 친척이 없어도 세상이 가만히 내버려 두지 않을 것이다. 지금 세상에는 사람이 많다. 관공서에도 회사에도, 은행에도 사람이 넘쳐날 정도다.

 하지만 상사들이 "이 정도면 쓸 만하다!"라고 안심하고 일을 맡길 수 있는 사람은 많지 않다. 그래서 그가 우수한 인재라면 어느 곳에서나 얼마든지 그를 원하고 있을 것이다. 이렇게 우리는 인재 등용의 밥상을 차려놓고 기다리고 있지만, 이 차려진 밥상을 먹을지 말지는 젓가락을 드는 사람의 마음 먹기에 달려 있다. 잔칫상을 차려놓고 맛난 음식을 입에 가져다가 떠 먹여줄 만큼 세상은 한가롭지 않다. 그 유명한 기노시타 도키치로(木下藤吉郎, 훗날의 토요토미 히데요시, 풍신수길, 豊臣秀吉)는 천한 신분의 핸디캡을 딛고 일어서서 관백(關白 일본 朝廷(天皇)으로부터 받은 조정 내의 가장 높은 지위)이라는 산해진미가 차려진 큰 상을 받게 되었다.

그러나 그는 주인인 오다 노부나가(織田信長)가 떠먹여 주는 밥을 받아먹은 것이 아니다. 스스로 젓가락을 들고 먹은 것이다. 무언가 한 가지 일을 해내겠다고 하는 사람은 스스로 젓가락을 들고 나서야 한다.

또한 누가 일을 주더라도 경험이 적은 젊은이에게 처음부터 중요한 일을 주는 법은 없다. 기노시타 도키치로와 같은 큰 인물도 처음 노부나가를 섬겼을 때는 주인의 짚신을 들고 따라다니는 하찮은 일을 맡았다.

"나는 고등교육을 받았는데 어린애 취급을 하며 주판을 놓게 하거나 장부를 쓰게 하는 건 말도 안 되는 바보같은 일이다. 선배라는 것들은 인재도 경제도 모르는 놈들이야!"는 식의 불평을 하는 사람들도 있지만, 이는 완전히 잘못된 말이다. 물론 뛰어난 인물에게 하찮은 일을 시키는 것은 인재 활용이나 경제적인 측면에서 볼 때 아주 불이익한 이야기다. 하지만 선배가 굳이 이런 불이익을 감수하는 데는 그만한 큰 이유가 있다. 결코 그 사람을 우습게 보아 그러는 것이 아니다. 그 이유는 잠시 선배의 마음속 계산에 맡기고 청년은 그저 주어진 일에 집중하면 되는 것이다.

이렇게 주어진 일에 불평불만을 토로하고 그만두는 것은 물론 안 되는 일이지만, 하찮은 일이라고 폄훼하며 힘을 쏟지 않는 것도 안 될 일이다.

아무리 사소한 일이라도 그것은 큰일의 작은 한 부분일 뿐이다. 이것이 만족스럽게 이루어지지 못하면 결국 전체가 체계도 없이 헝클어지고 만다.

시계의 작은 바늘이나 작은 톱니바퀴가 게으름을 피우고 잘 움직이지 않으면 큰 바늘도 멈춰 설 수밖에 없다. 마찬가지로 수백만 원이 오가는 은행에서도 먼지만큼 작은 단위의 한 푼이라도 계산이 틀리게 되면, 그날의 장부를 마감할 수 없게 된다.

젊은 시절에는 겁이 없고 오지랖이 넓어져서 사소한 것을 보면 "뭐야 이 정도면 된 거 아닌가."하고 경시해버리는 버릇이 있다. 그러나 그것이 그때뿐이라면 모를까 나중에 큰 문제를 일으키지 않으리라고 장담할 수 없는 일이다.

설령 나중에 큰 문제가 되지 않더라도 사소한 일을 건성으로 처리하는 얼렁뚱땅 식의 사람으로는 어차피 큰일을 성사할 수 없다.

미토 미쯔쿠니(水戶光圀) 공의 가훈(家訓) 중에 "사소한 일은 잘 분별하라. 큰일에 놀라지 말라!"는 말이 있는데, 장사나 군무를 비롯해 모든 일에서도 이러한 분별력과 침착한 사고방식을 갖고 임해야 한다.

또 옛말에 '천 리 길도 한 걸음부터'라는 말이 있다. 설령 자신이 '지금보다 큰일을 할 사람'이라고 생각하더라도 그 큰일은 아주 사소한 것들의 집합체이다.

어떤 경우에도 사소한 것을 경시하지 말고 부지런하고 충실히 성의를 다하여 완벽하게 해 내려고 노력해야 한다.

히데요시(豊臣秀吉)가 노부나가(織田信長)에게 중용된 것도 바로 이 때문이었다. 주인의 짚신을 들도 따라다니는 일도 소중히 여기고 마침내 병사의 임무가 맡겨졌을 때 무장의 임무를 완벽하게 수행해 냈다.

그러자 노부나가가 감탄하여 마침내 파격적으로 발탁하여 시바타 카츠이에(柴田 勝家)나 니와 오사히데(丹羽長秀) 같은 중신들과 어깨를 나란히 할 수 있는 지위에까지 오르게 된 것이다.

접수창구 일이나 장부 작성같이 하찮아 보이는 일도 일단 자신에게 주어진 일은 그때그때 목숨을 걸고 성실하게 수행해 내지 못하는 사람은 소위 공로를 세워 출세의 문을 열 수 없다.

큰 의지와
작은 의지의 조화

　타고난 성자라면 뜻을 세우는 데에 망설임이 없을지도 모른다. 그러나 우리 보통 사람들은 그렇게 되지 못하는 것이 정상이다. 눈앞의 사회 분위기에 휩쓸리거나 일시적인 주변 상황에 얽매여 자신에게 전혀 맞지 않는 방향으로 얼떨결에 발을 내딛는 경우가 많다. 이것으로는 진정한 뜻을 세웠다고 할 수 없다.
　특히 과거와 같이 세상을 뒤흔들만한 큰 변화 자체가 없어진 오늘날, 한 번 세운 뜻을 중간에 바꾸는 일이 생기면 큰 불이익을 당하기도 한다. 그래서 처음 뜻을 세울 때는 매우 신중하게 고려해 볼 필요가 있다.
　그 방법으로는 먼저 자기 머리를 식힌 후, 자신의 장단점을 세밀하게 비교 고찰하며 가장 잘 할 수 있는 분야로 뜻을 정하는 것이 좋다.

　또한 동시에 자신이 그 뜻을 이룰 수 있는 환경에 처해있는지를 깊이 고려해 보는 것도 필요하다. 예를 들어, 몸도 튼튼하고 머리도 명석하여 평생을 학문에 매진하고 싶다는 뜻을 세웠더라도 경제력이 뒷받침되지 않으면 원하는 대로 이루지 못할 수도 있다.

그래서 "이 정도라면 어디를 보더라도 평생 해낼 수 있겠다."라는 전망이 세워진 후에야 비로소 그 방침을 확정하는 것이 좋다. 그런데도 제대로 된 생각을 정리하지 않은 채 잠깐의 경기나 시류에 편승해서 아무 생각 없이 뜻만 앞세워 무작정 뛰어드는 사람도 적지 않다. 이런 상태로는 결코 끝까지 해낼 수 있는 것이 아니라고 생각한다.

이미 근간으로 삼을 뜻이 세워졌다면, 이제는 그 가지와 잎이 될 작은 뜻에 관해 매일매일 연구하는 자세가 필요하다. 어떤 사람이든 그때그때 여러 가지 일을 접하면서 어떤 희망을 품게 되는 경우가 있을 것이다.

그 희망을 어떻게든 실현하고 싶다고 생각하게 되는 것도 일종의 뜻을 세우는 것이고, 내가 말하는 '작은 뜻을 세우는 것'이란 바로 이런 의미다.

한 가지 예를 들어 설명하자면. 어떤 사람이 어떤 행위로 인해 세상으로부터 존경받게 되었으니 "나도 어떻게든 저렇게 되고 싶다."라는 희망을 품는 것도 또 하나의 '작은 뜻을 세우는 것'이 된다.

그렇다면 이 작은 뜻을 세우는 것에 대해 어떤 노력을 기울이면 좋을까? 그 조건은 다음과 같다.

"일생을 통해 '큰 뜻'에서 벗어나지 않는 범위 내에서 연구하는 것"이다. 또한 '작은 뜻'은 그 성격상 항상 쉽게 변하기 마련이다. 그래서 이 변화로 인해 당초에 세웠던 '큰 뜻'에 동요가 생기지 않도록 할 준비가 필요하다.

즉. '큰 뜻'과 '작은 뜻'이 모순되는 일이 있어서는 안 된다. 이 양자는 항상 조화를 이루고 일치해 가야 한다.

그런데 여기까지 말한 것은 주로 뜻을 세우는 데 있어 고안된 것들이다. 그렇다면 옛사람들은 어떻게 뜻을 세웠을까? 공자의 예를 참고하여 연구해보자.

『논어』는 내가 평소 사회생활을 위한 교과서로 삼고 있는 고전인데, 그중에서 공자가 뜻을 세우는 방법에 대해 언급한 부분을 찾아보면,

"나는 십오 세에 학문에 뜻을 두고(지학, 志學), 서른 살에 자립(이립, 而立)했다. 마흔이 되어서 흔들리지 않게 되었고(불혹, 不惑) 오십에 천명(天命)을 알게 되었다."는 말이 있다.

여기서 짐작건대, 공자는 열다섯 살 때 이미 뜻을 세웠을 것으로 보인다. 그러나 여기서 '학문에 뜻을 둔다.'라는 말이 평생을 학문으로 살겠다'는 뜻을 굳게 정한 것인지에 대하여는 다소 의문이 남는다. 아마 "앞으로 더 열심히 학문을 해야겠다." 정도로만 생각했던 것은 아닐까 한다.

더 나아가 '서른이 되면 자립한다.'라고 한 것은 이때 이미 사회에서 자립해 나갈 수 있을 만큼의 인물로 성장한 것으로, "자신을 닦고, 좋은 집을 세우고, 나라를 다스리고, 천하를 평화롭게 하는" 기량을 익혔다고 확신할 수 있는 경지에 이르렀다는 것을 의미할 것이다.

또한 '사십이 되어도 미혹(迷惑)되지 않는다.(不惑)'라는 말에서는 다음과 같은 상상을 해볼 수 있다. 즉, 세상을 살아가면서 마흔 살에, 외부의 자극 정도로는 한 번 세운 뜻이 결코 흔들리지 않는 경지에 도달하여 어디까지나 자신감 있게 행동할 수 있게 되었다는 뜻이다. 여기에 이르러서야 비로소 세운 뜻이 열매를 맺고 굳어졌다고 할 수 있을 것이다.

그렇다면, 공자가 뜻을 세운 것은 열다섯에서 서른 살 사이에 있었던 것으로 보인다, '학문에 뜻을 둔다.'라고 일컬어질 무렵에는 아직 뜻이 다소 흔들렸지만, 서른 살이 되어서야 어느 정도 결심이 굳어 보였고, 마흔 살이 되어서야 비로소 뜻을 온전히 세운 것 같다.

이를 정리하면 다음과 같다. 즉 뜻을 세우는 것은 인생이라는 건축의 뼈대이고 작은 뜻은 그 장식이다. 그래서 먼저 그것들의 조합을 잘 생각해서 착수하지 않으면 나중에 모처럼의 건축이 도중에 무너지는 일이 생길 수도 있다.

뜻을 세운다는 것은 이처럼 인생의 중요한 출발점이기 때문에 누구도 쉽게 간과할 수 없는 것이다.

뜻을 세우는 요체는 자신을 잘 알고, 자신의 처지를 잘 파악하여 그에 따라 적절한 방침을 설정하는 것 이외 다른 방법이 없다, 누구나 자신의 분수를 지키며 나아간다면 인생의 길에서 문제가 생길 일은 추호도 없을 것이라 믿는다.

훌륭한 인간의
투쟁이란

　나를 두고 세상 사람들 대부분이 '절대로 다투지 않는 사람'인 것처럼 생각하는 경향이 있는 것 같다. 나는 물론 남과 싸우는 것을 좋아하지는 않으나 그렇다고 전혀 싸우지 않는 것은 아니다. 끝까지 올바른 길을 가려고 노력한다면 다툼을 피하는 것은 절대 불가능한 일이다. 무슨 일이 있어도 다툼을 피하고 세상을 살아가려고 하면 선이 악에게 지게 되고, 정의가 실현되지 않게 된다.
　나는 비록 보잘것없는 인간이지만 옳은 길에 서 있으면서도 악과 싸우지 않고 길을 양보할 만큼 유약하고 한심한 인간은 아니라고 생각한다.
　인간은 아무리 인격이 원만해도 어딘가 각진 데가 있어야 한다. 옛 노래에도 있듯이 너무 원만하기만 하면 오히려 넘어지기 쉽다.

　나는 세상이 생각하는 것만큼 원만한 인간이 결코 아니다. 겉으로 보기에 원만해 보여도 실제로는 어딘가에 소위 각진 부분이 있다고 생각한다.
　젊었을 때는 물론이고 칠십 고개를 넘은 오늘에 이르러서도 내가 믿는 바를 흔들고 이를 뒤집으려는 사람이 나타나면 나는 단호하게 그 사람과 싸우는 것을 주저하지 않는다. 내가 믿고 옳다고 여기는 것은 어떤 경우에도 결코 양보하지 않겠다. 이것이 나의 원만치 못한 점이라고 생각한다.

사람에게는 나이가 많든 적든 상관없이 누구나 나처럼 "이것만은 양보할 수 없다."라는 부분이 꼭 있었으면 좋겠다. 그렇지 않으면 사람의 일생이라는 것이 전혀 살만한 보람이 없는 것이 되어 버린다. 사람의 품성은 원만하게 발달하는 것이 좋지만 그것이 너무 지나치게 원만해지면, "정도가 지나치면 미치지 못한 것과 같다.(과유불급:過猶不及)"이라고 공자가 『논어』(선진편)에서 말한 것처럼, 사람으로서의 품위가 전혀 없어져 버리고 만다.

내가 전혀 원만한 사람이 아니라 나름대로 모난 곳도 있고 불협화음이 있는 사람이라는 것을 증명할 수 있는 -증명이라는 말을 쓰는 것은 조금 이상하지만- 실화를 조금 이야기해 보려고 한다.

메이지 5년(1872년) 필자가 33세 때 재무성에 입사해 총무국장을 맡고 있을 때였다. 재무성의 출납제도에 큰 개혁을 단행하여 개정법을 시행하고 유럽식 부기를 채택하여 전표로 돈을 입출금시키기로 했다. 그런데 당시 출납국장이었던 사람(이름은 밝히지 않겠다.) 이 개정법에 반하는 의견을 가지고 있었다. 그러던 중 내가 전표 제도를 도입하는 과정에서 실수가 있다는 것을 우연히 발견하고 당사자에게 주의를 준 적이 있었다. 그러자 이 개정법에 반대 의견을 가지고 있던 출납국장이 어느 날 몹시 위압적인 태도로 내 사무실(총무국장)로 쳐들어온 것이다. 그 출납국장이 화난 얼굴로 내게 덤벼드는 것을 보고 나는 조용히 그자의 주장을 들어주려고 했다. 그런데 그자는 전표 도입에 있어 실수한 것에 대한 사과는 한마디도 없이, 내가 개정법을 시행하고 유럽식 부기를 도입한 것에 대해서만 줄기차게 불만을 늘어놓았다.

"대체로 당신이 미국에 심취해 하나부터 열까지 그 나라 흉내만 내고 싶어 개정법 따위를 발안해 부기로 출납하게 하려고 하니까 이런 실수가 생기는 거다, 책임은 실수를 저지른 당사자보다 애초 개정법을 발안한 당신에게 있다.

부기 같은 걸 채용하지 않았더라면 우리도 이런 실수를 저질러 당신에게 지적도 받지 않고 끝났을 일이다."라는 등 있을 수 없는 폭언을 늘어놓으며 자기 잘못을 조금도 반성하는 태도를 보이지 않았다. 나는 그 논리적으로도 맞지 않는 말에 조금 경악했지만 그래도 아무렇지도 않았다.

"출납을 정확하게 하려면 반드시 유럽식 부기에 따라 전표를 사용해야 할 필요가 있다."라고 조리있게 설명하며 그를 설득했다. 그러나 그 출납국장은 내 말에 조금도 귀를 기울이려 하지 않았다. 오히려 중언부언 말다툼 끝에 그는 주홍색 물감이라도 뿌린 듯이 얼굴을 붉히더니 주먹을 휘두르며 내게 달려들었다. 그자는 키가 작은 나에게 비해 체격이 큰 편이었다.

하지만 분노에 휩싸여 다리를 휘청거리고 있었고 그다지 강해 보이지도 않았다. 나는 청년 시절에 무예도 꽤 익히고 몸도 단련했었기 때문에 완력이 없는 편도 아니었다.

만약 주먹을 휘두르며 무례하게 굴면 한 방에 날려버리는 것은 일도 아니라는 생각이 들었지만 일단 몸을 피하기로 했다. 그자가 의자에서 일어나서 주먹을 쥐고 팔을 치켜들어 아수라처럼 거친 모습으로 나를 향해 달려드는 것을 보고 나도 얼른 의자에서 일어나 몸을 날려 피했다. 나는 침착하게 의자 뒤로 돌아가 두세 걸음만 뒤로 몸을 피하자 그자가 휘두른 주먹은 갈 데를 잊어버리고 말았다.

나는 그가 우물쭈물하며 보인 틈을 타서 곧바로 냉정한 태도로 말했다.
"여기는 관공서다. 무슨 생각으로 이러는 건가? 무뢰한과 같이 구는 것은 절대 용납하지 않으니 조심하라."고 일갈했다.
출납국장도 "내가 잘못했습니다. 난폭한 짓을 저지르고 말았습니다."라며 퍼뜩 제정신 차린 듯이 치켜들었던 주먹을 내리고는 풀이 죽어서 내 집무실에서 나가 버렸다.

그 후 그 남자의 행위에 대해 이런저런 말이 나돌았다. "관공서에서 상사에게 폭력을 행사하려 한 것은 괘씸한 짓이다."라며 호들갑을 떠는 사람도 있었다. 그러나 나는 당사자만이라도 잘못을 인정하고 반성한다면 계속 근무하게 할 생각이었다. 그런데 나보다 더 분개한 관청 내의 사람이 이 전후 사정을 상세히 태정관(太政官, 일본 고대시대의 '율령제, 律令制'라는 법률제도에서 사법·행정·입법을 관장하는 최고국가기관)이다. 장관에게 보고해 버렸다. 태정관도 그냥 내버려 둘 수가 없어 결국은 그자를 면직시키게 되었는바, 이 사건은 지금도 내가 안타깝게 생각하는 일이다.

사회와
학문과의 관계

　원래 인정이란 빠지기 쉽게 단점이다. 성과에 급급해서 큰 대국을 보는 것을 잊어버리고 당장 눈앞의 일에 집착해 작은 성공에 만족해버리는가 하면 별것 아닌 실패에 낙담해버리는 사람들이 흔하다. 고학력 졸업생들이 사회에서의 현장 경험을 경시하건 현실의 문제를 잘못 읽는 경우가 많은 것은 바로 이러한 이유 때문이다. 이런 잘못된 생각은 반드시 고쳐야 한다.

　이를 위해 학문과 사회의 관계에서 생각해 볼 만한 예를 하나 들어보자.
　그 예는 지도를 볼 때와 실지로 거기를 걸어갈 때의 차이다. 지도를 펴고 눈을 크게 뜨면 세계 전체가 한눈에 들어온다. 국가나 각 지역은 극히 작은 일부 범위에 담겨 있다. 참모본부(지금의 국토지리원에 해당하는 업무를 담당하기도 했다)에서 제작한 지도는 매우 정밀하게 제작되어 개울이나 작은 언덕, 땅의 공정과 경사도까지 잘 알 수 있도록 만들어져 있다.
　그럼에도 불구하고 실제와 비교해보면 예상치 못한 부분이 많다. 이를 깊이 생각하지 않고 잘 안다고 여기고 실지로 나서 보면 어떻게 해야 할지 몰라 헤매게 될 것이 뻔하다. 산은 높고 계곡은 깊다. 삼림은 끝없이 이어지고 강은 넓게 흐른다.

그 사이사이를 길을 물어가며 헤매다 보면 높은 산을 만나 아무리 올라가도 정상에 닿지 않는 경우가 있다. 혹은 큰 강에 가로막혀 어쩌야 할지도 모를 때가 생긴다. 길이 우회도로로 되어 있어 쉽게 나아갈 수 없을 때도 있다. 깊은 계곡에 들어가서 언제 나올 수 있을지 모를 때도 있다.

곳곳에 헤쳐 나가기 힘든 곳이 있다는 것을 발견하게 될 것이다.

이때 신념이 굳건하지 않고 대국을 살필 수 있는 안목이 없다면 실망과 낙담에 빠져 용기가 나지 않게 마련이다. 자포자기가 되어 앞뒤 분간을 하지 못하고 산야를 헤매다가 결국 불행한 최후를 맞이하게 될 것이다.

이 예는 학문과 사회와의 관계에 비추어 생각해 보면 금방 알 수 있는 일이라고 생각한다. 어쨌든 사회의 복잡한 일들을 아무리 미리 알고 대비를 한다고 해도 실제로는 불의의 사고를 당하는 경우가 많다. 학생들은 더욱더 주의를 기울여 이 부분에 관해 연구해 두어야 한다.

평생
걸어가야 할 길

　나는 열일곱 살 때 무사가 되고 싶다는 뜻을 세웠다. 왜냐하면 당시 사업가는 백성과 함께 천한 존재로 여겨져 세상 사람들로부터 인간 이하의 취급을 받아 누가 상대도 해주지 않을 정도였기 때문이다. 반면 가문이라는 것이 매우 중시되어 무가(武家)에서 태어나기만 하면 지식이나 능력이 없는 사람이라도 사회의 상층부를 차지하여 마음대로 권력을 휘두를 수 있었다. 나는 이 점이 매우 아니꼽고 불쾌해, 같은 인간으로 태어났으니 어떻게든 무사가 되지 않으면 안 되겠다고 생각했다.

　그 무렵 나는 중국 고전에 대한 학문을 조금씩 익히고 있었다. 그 지식을 살려 라이 산요(賴 山陽, 1781~1832)의 『일본 외사(日本 外史, 니혼가이시)』 등을 읽으면서 정권이 조정에서 무사들의 손에 넘어가게 된 경위를 확실하게 알게 되었다. 여기서부터 분노와 같은 감정이 싹트기 시작했다. 낮은 신분으로 끝나는 것이 몹시도 비참하게 여겨져 마침내 무사가 되고 싶다는 마음을 강하게 먹게 되었다.

그러나 그 목적은 단순히 무사가 되고 싶다는 단순한 목적이 아니었다. 무사가 되는 동시에 당시의 정치 체제를 어떻게든 움직일 수 없을까? 하는 요즘 말로 하면 정치가로서 국정에 참여하고 싶다는 큰 뜻을 품게 된 것이다. 애초에 이것이 고향을 떠나 이곳저곳을 떠돌아다니는 우를 범하게 된 원인이었다. 이렇게 후일 대장성에 근무하기까지 십여 년의 세월은 지금 내 처지에서 보면 거의 무의미하게 허송세월한 것과 다름 없었다. 지금도 이 일을 떠올릴 때마다 통한의 감정이 우러나오는 것은 어쩔 수 없다.

솔직히 말하자면, 나의 뜻은 청년 시절에는 자주 흔들렸다. 마지막으로 실업계에 진출하고자 뜻을 세운 것은 메이지 4, 5년(1871~1972년) 무렵이었는데, 지금 생각해 보면 이때가 나에게 있어 진정한 입지(立志) 즉, 15살에 있어서 뜻을 세우는 일이었다고 생각된다.

원래 내 성격이나 재능으로 볼 때, 정계에 몸을 던지는 것은 오히려 나이에 맞지 않는 방향으로 돌진하는 것과 같다는 것을 이때야 비로소 깨달았다. 동시에 느낀 것은 서구 국가들이 당시와 같은 힘을 자랑할 수 있었던 이유는 상공업의 발달에 있다는 것이었다. 현재 사태를 그대로 유지하는 것만으로는 일본은 언제까지나 그들과 어깨를 나란히 할 수 없다.

그래서 국가를 위해 상공업의 발전을 도모하고 싶다는 생각이 들었고 여기서 처음으로 "실업가가 되자."라는 결심을 하게 된 것이다. 그리고 이때 세운 뜻으로 나는 지금까지 40여 년 동안을 일관되게 변함없이 살아 온 것이다.

진정한 입지(立志)는 바로 이 때였다. 돌이켜보면, 그 이전에 세운 뜻은 내 재능에 어울리지 않는, 내 분수를 몰랐던 것이었다. 그래서 종종 변경을 거듭할 수밖에 없었을 것이다. 동시에 그 이후에 세운 뜻이 40여 년 동안 변함없는 것이었음을 보면, 이것이야말로 진정으로 자기 소질에 맞고 재능에 어울리는 것이었음을 알 수 있다.

▶ 일본 대장성(大蔵省, 지금의 재무무) 관료시절 모습(1871.년경)

그러나 만약 자신에게 자신을 알 수 있는 식견이 있어 열대여섯 살 때부터 진정한 뜻을 세우고 처음부터 상공업을 향해 나아갔다고 가정해보자. 그렇다면 그때부터 현실적으로 내가 실업계에 발을 디딘 서른 살 무렵까지는 14, 15년이라는 긴 세월이 흘렀을 것이다. 그 사이에 상공업에 관한 소양을 더 많이 쌓을 수 있었을 것이다. 만약 그랬다면, 어쩌면 일본 실업계에서 지금의 에이이치 이상의 에이이치가 탄생하여 실업계에서 활약할 수 있었을지도 모른다.

하지만 안타깝게도 청년 시절의 잘못된 의욕으로 인해 정작 수양해야 할 시기를 전혀 엉뚱한 일에 허비해버리고 만 것이다.

이런 이야기를 통해 바로 뜻을 세우려는 청년들은 꼭 선대 사람의 실패를 교훈으로 삼는 것이 좋겠다는 생각이 든다.

03

제3장 | 상식과 습관

상식이란 어떤 것인가?
미워하더라도 상대의 미덕을 인정하라
습관의 전염되기 쉬운 측면과 번져 나가는 힘
친절해 보이는 불친절
인생은 노력에 달려 있다
올바른 입장에 근접하고 잘못된 입장을 멀리하는 길

상식이란
어떤 것인가?

대체로 사람이 사회생활을 함에 있어 상식은, 그가 어떤 지위에 있든 간에 꼭 필요하고 없어서는 안 되는 것이다. 그렇다면 상식이란 무엇일까?

나는 다음과 같이 해석한다.

우선, 어떤 일을 할 때 극단으로 치우치지 않고 고집스럽지 않으며, 선과 악을 분별하고 이익과 손해를 민감하게 알아차리고, 말과 행동이 모두 중용에 부합하는 것이 바로 상식이다.

이것은 학문적으로 해석하면, 지(智), 정(情), 의(意) (지혜, 감정, 의지)의 세 가지가 각각 균형을 유지하며 고르게 성장한 것이 완전한 상식이라고 생각한다.

더 나아가 말하자면, 일반적인 인정으로 세상 사람들의 생각을 이해하고, 일을 잘 처리할 수 있는 능력이 바로 상식이라고 할 수 있다.

사람의 마음을 분석하여 '지. 정. 의'의 세 가지로 분류하는 것은 심리학자들의 이론에 근거한 것이지만, 이 세 가지의 조화가 필요 없다고 하는 사람은 아무도 없을 것이다. 지혜와 감정과 의지가 있어야만 인간 사회에서 활동할 수 있고, 현실에서 성과를 내며 살아갈 수 있는 것이다. 여기서는 상식적인 원칙인 '지. 정. 의' 세 가지에 대해 조금 더 언급해 보고자 한다.

먼저 지(智)라는 것은 사람에게 어떤 작용을 하는 것일까? 사람으로서 지혜가 충분히 발달하지 않으면 사물을 분별하는 능력이 부족해진다. 예를 들어 사물의 선과 악, 이익과 손실을 분별하지 못하는 사람은 아무리 학식이 많다고 해도 좋은 것을 좋다고 인정하거나 이익이 되는 것을 이익이라고 판단해 그것을 취하지 못한다, 학문이 보물을 쌓아두기만 하고 썩혀버리는 것이다.
이 점을 생각하면 지혜가 인생살이에 얼마나 중요한지 알 수 있을 것이다.
그러나 지(智)만으로 활동할 수 있느냐 하면 절대 그렇지 않다.

거기에 정(情)이라는 것이 잘 들어가지 않으면, 지(智)의 능력을 충분히 발휘되지 못하고 만다. 예를 들어 '지'만 한껏 부풀어 오르고 '정'이 부족한 인간을 상상해보자. 자신의 이익을 위해서라면 남을 밀쳐버리거나 발로 차도 전혀 개의치 않는 그런 사람이 되지 않겠는가?
원래 지혜가 보통 사람 이상으로 작용하는 사람은 어떤 일에도 원인과 결과를 파악하고 앞으로 어떻게 될지 예측할 수 있다. 이런 사람에게 만약 애정이 없으면 정말 견딜 수 없게 되는 것이다. 그 예측한 결과까지의 경로를 악용하고 자신만 좋으면 그만이라는 식으로 끝까지 밀어붙인다. 이 경우 타인에게 닥쳐오는 불편이나 고통 등을 아무렇지 않게 여길 정도로 극단적으로 변질할 수 있다. 그 불균형을 조화시키는 것이 바로 '정(情)'이다.

'정'은 일종의 완화제이다. 모든 일에는 이 '정'이 더해짐으로써 균형을 유지하고 사람이 살아가는 중에 발생하는 사건에 원만한 해결책을 제시해 준다.

만약 인간세계에서 '정'이라는 요소를 배제한다면 어떻게 될까? 모든 일이 극에서 극으로 치닫다가 결국은 어쩔 수 없는 결과를 초래할 것이 틀림없다. 그러므로 인간에게 '정'은 없어서는 안 될 기능인 것이다.

하지만 '정'에도 결점이 있는데, 그것은 순간적으로 북받쳐 오르기 쉬우므로 자칫 잘못하면 휩쓸려버리기 일쑤라는 것이다. 특히 사람의 기쁨, 분노, 비애, 즐거움, 사랑, 미움, 욕망이라는 일곱 가지 감정(七情)은 생겨남에 있어 그 변화가 너무 심하므로 마음의 다른 부분을 이용해 이를 통제하지 않으면 감정에 너무 치우치는 폐해를 불러일으킨다. 이 시점에서 '의지'라는 것이 필요하게 되는 것이다.

움직이기 쉬운 감정을 통제할 수 있는 것은 강한 의지 외에 다른 것이 없다. 그렇기 때문에 '의지'는 정신 활동의 근간이라고 할 수 있다. 강한 의지만 있으면 인생에서 큰 장점을 갖게 된다. 그러나 의지만 강하고 다른 '정'과 '지'가 동반되지 않으면 단순히 융통성 없는 자나 고집쟁이가 되어버릴 수 있다.

근거 없는 자신감만 가지고 자신의 주장이 틀렸어도 고치려 하지 않고 오로지 자기주장만 관철하려 한다.

　물론 이러한 유형도 어떤 의미에서 보면 존중해야 할 점이 없는 것도 아니다.
　하지만 그렇게만 하다면 일반사회에서 살아갈 자격이 모자라고 정신적으로도 문제가 있어 완전한 사람이라고 할 수는 없다. 강한 의지 위에 명석한 지혜를 갖추고 이를 애정으로 조절한다, 이 세 가지를 균형 있게 배합하여 크게 성장시켜야 비로소 '완전한' 상식이 되는 것이다.
　현대인들은 흔히 입버릇처럼 "강한 의지를 갖추라."고 말한다, 하지만 의지만 강하다면 역시 문제가 생길 수밖에 없다. 속칭 '이노시시 무샤(猪武士, 분별없이 돌진하는 무사, 무모한 사무라이)'와 같아서는 아무리 의지가 강해도 사회에 도움이 되는 사람이라고는 할 수 없는 것이다.

미워하더라도
상대의 미덕을 인정하라

　나는 세상 사람들로부터 "에이이치는 청탁(淸濁)을 가리지 않고 마시는 주의다."라든가 "좋은 것과 나쁜 것을 구분하지 못하는 사람이다."라는 평판도 적잖이 듣고 있다, 얼마 전에도 어떤 사람이 찾아와서 나에게 정면으로 따져 물었다.
　"당신은 평소 논어를 사회생활의 근본으로 삼고 또 논어의 가르침대로 행동하려고 노력하는 것으로 알고 있습니다. 그런데도 당신이 돌보아 주는 사람 중에는 당신의 원칙에 반하여 오히려 논어의 교훈을 거스르는 생각을 하고 있거나 사회로부터 비난을 받는 사람도 있습니다. 그런 사람들에게 당신은 아무렇지도 않은 얼굴로 접근하고, 세간의 평판에는 전혀 신경 쓰지 않더군요. 이런 일을 하면 당신의 고결한 인격에 상처를 줄 것 같은데 당신의 진정한 생각을 꼭 듣고 싶습니다."
　과연 그런 지적을 받고 보니, 그 말도 일리가 있는 것 같다. 나도 그런 생각이 드는 측면이 있지만, 그러나 나는 전혀 다른 관점에서 내가 믿는 원칙을 따르고 있다.

즉, 사회생활을 해가면서 나는 자신의 영달은 물론 사회 전체를 위해서도 일하고, 가능한 한 선행을 늘리며, 세상의 진보를 도모하고 싶다는 마음가짐을 지속해 왔다는 것이다. 그래서 단순히 자기 재산이나 지위, 자손의 번영 같은 것은 부차적인 것으로 여기고 오로지 국가 사회를 위해 헌신하는 것을 더 중요하게 생각한다. 그래서 남을 위해 생각하고 선행을 베풀며, 남의 능력 향상을 돕고, 그것을 적재적소에 사용하고 싶다는 마음을 가슴이 비좁을 만큼 품고 있다.

이런 마음가짐이 세상 사람들로부터 오해를 불러일으킨 원초적인 원인일지도 모르겠다.

내가 사회인이 된 이후 만나는 사람들도 해마다 그 수가 늘어난다. 그 사람들은 나의 행동을 본받아 각자 자신이 잘하는 분야에서 사업에 힘써 주기를 바라고 있다. 그러면 설사 그 사람이 비록 자신의 이익만을 목적으로 하는 사업이라 할지라도 그 사업이 올바른 사업이라면 결과적으로 국가와 사회에 도움이 될 것이다. 그래서 나는 그런 뜻에 최대한 공감하고 그 목적을 달성할 수 있도록 도와주고 싶다.

내가 견지하고 있는 원칙이 이래서 면담을 요청하는 사람이 있으면 반드시 만나서 이야기를 나누려 하고 있다. 지인이든 아니든, 내게 별 지장이 없다면 반드시 만나서 상대방의 주문과 희망 사안을 듣는다. 그리고 방문자가 희망하는 것이 도덕적으로 합당하다고 생각되면 상대가 어떤 사람이든 간에 그 사람의 희망을 들어준다.

그러나 누구든 만나서 이야기한다는 내 원칙에 편승해 도리에 맞지 않는 것을 요구하는 사람이 있어 곤란할 때도 있다. 예를 들어 일면식도 없는 사람인데도 생활비를 빌려 달라고 하며 찾아온다. "부모님께 돈이 없어 학비가 바닥날 것 같으니 앞을 몇 년 동안 도와달라."는 사람도 있다. 또 어떤 사람은 이러이러한 발명을 했으니 이 사업이 잘될 때까지 도와 달라거나, 심한 경우, 이러저러한 사업을 하고 싶으니 사업자금을 넣어 달라고 한다.

이런 종류의 편지가 매달 수십 통씩 날아드는 것이다.

나는 봉투 앞면에 내 주소와 이름이 적혀 있는 이상 반드시 읽어야 할 의무가 있다고 생각한다. 그래서 그런 편지가 올 때마다 꼭 읽어보고 되도록 자필로 거절하는 답장을 보내고 있다. 또 어떤 사람들은 직접 내 집에 찾아와 이런 종류의 희망을 말하기도 한다. 그런 것들은 대부분 도리에 어긋나는 것들도 적지 않기 때문에, 나는 그런 사람들을 만나서 도리에 맞지 않는 부분을 설명하며 거절하고 있다.

나의 이런 행위는 남들이 보기에는 "그런 편지를 일일이 다 보거나 그런 사람들을 다 만날 필요도 없는 것 아니냐?"라고 생각할 수도 있지 싶다.

하지만 만약 면담을 거절하거나 편지를 보지 않는다면 나의 평소 원칙에 어긋나는 행위가 된다. 그래서 일이 많아지고 시간을 뺏기면 곤란하다고 생각하면서도 내가 믿는 것을 위해 불필요한 수고를 하는 것이다.

그리고 그 사람이나 지인이 부탁한 일 중, 도리에 맞는 일이 있으면 나는 그 사람을 위해, 나아가 국가 사회를 위해 내가 할 수 있는 범위 내에서 힘을 보태려고 하고 있다. 즉, 도리에 맞는 일이라면 스스로 기꺼이 나서서 도와주려는 마음도 생긴다. 그런데 나중에 돌이켜보면 "그 사람은 좋지 않았어!"라든가 "그 일은 잘 못 봤어!"라는 결과가 없는 것도 아니다.

그러나 악인이라 하여 끝까지 악으로 남는 것도 아니고 선인이라도 마냥 좋은 채로 끝나는 것도 아니다. 악인을 악인이라는 이유만으로 미워하지 않고, 가능하면 그 사람을 선으로 이끌어주고 싶다. 그래서 처음부터 그가 악인인 것을 알면서도 돌봐주는 때도 있다.

습관의
전염되기 쉬운 측면과
번져 나가는 힘

원래 습관이란 평소의 행동이 쌓여 몸에 밴 것이다. 이 때문에 습관은 자신의 마음과 하는 일에도 자연스럽게 영향을 미치게 된다. 나쁜 습관을 많이 가지면 나쁜 사람이 되고 좋은 습관을 많이 익히면 좋은 사람이 되는 것처럼 결국은, 그 사람의 인격과도 관련이 있게 마련이다. 그러므로 누구나 평소에 좋은 습관을 몸에 익히기 위해 노력하는 것은 사람으로서 사회를 살아가는 데 있어 무엇보다 중요한 일일 것이다.

또한 습관은 단지 한 사람의 몸에만 스며들어 있는 것이 아니다. 다른 사람에게도 전염된다. 사람들은 자칫하면 다른 사람의 습관을 따라 하려고 한다.

이 감염력이라는 것은 단순히 좋은 습관뿐만 아니라 나쁜 습관에 대해서도 마찬가지이다. 그래서 더욱 조심해야 한다.

이 습관이라는 것은 특히 어린 시절이 중요할 것 같다고 본다. 기억이라는 것을 생각해봐도 어린 시절의 젊은 두뇌에 기억된 것은 노년이 되어서도 꽤 머릿속에 남아있다. 나 자신도 어떤 때를 가장 잘 기억하는가 하면 역시 소년 시절의 일이다. 중국 고전이든 역사든, 소년 시절에 읽은 것을 가장 잘 기억한다. 요즘은 아무리 책을 많이 읽어도, 어느 부분을 읽기 전부터 전에 읽은 내용을 잊어버리기 일쑤다.

그래서 습관도 소년 시절이 가장 중요하고, 한 번 습관이 되면 몸에 배어 평생 변하지 않는 것이다. 그뿐만 아니라 어린 시절부터 청년기까지는 습관이 가장 몸에 배기 쉬운 시기다.
그러므로 이 시기를 놓치지 말고 좋은 습관을 익혀서 개성으로까지 고양해 나가야 한다.
나는 청년 시절 가출하여 천하를 떠돌며 비교적 자유분방한 생활을 한 것이 습관이 되어 나중에까지 그 나쁜 버릇이 없어지지 않아 고생했다. 다만 나는 매일매일 그 나쁜 습관을 고치고자 하는 강한 의지가 있었기에 대부분은 고칠 수 있었다고 생각한다. 나쁜 것을 알면서도 고치지 못하는 것은 스스로 극복하려는 마음이 부족하기 때문이다.

또한 내 경험에 비추어 볼 때, 습관은 늙어서도 역시 중시되어야 한다. 젊었을 때 몸에 밴 나쁜 습관도 노년이 된 후에 성심껏 노력해가면 고칠 수 있는 것이다. 오늘날과 같이 하루가 다르게 발전하는 사회에서 살아가려면 더욱더 '자신을 극복하겠다.'라는 각오로 마음을 다잡아 가야 한다.

친절해 보이는
불친절

　세상에는 냉혹 무정한데다가 성의가 없고, 행동이 기이하며 성실하지 못한 사람이 오히려 사회로부터 신뢰를 받고 성공의 영광을 누리는 경우가 있다.

　반대로 아주 성실하고 성의 있고, 양심적이며 배려심이 넘치는 사람이 오히려 세상의 지탄을 받고 낙오자가 되는 경우도 적지 않다.

　"텐토우(天道, 하늘의 가르침)는 과연 옳은가, 그른가? (하나님이 하는 일이 과연 옳은가, 그른가)" 하는 모순을 연구하는 것은 매우 흥미로운 문제이다.

　생각건대 사람의 행위가 옳은 것인지, 나쁜 것인지는 그 '뜻'과 '행동'의 두 가지 측면에서 비교해 보아야 한다. '뜻'이 아무리 성실하고 양심적이며 배려심이 넘쳐나도, 그 '행동'이 무녀 주저앉거나 제멋대로 이기적으로 나온다면 어찌 도와 줄 여지가 없는 것이다. '뜻'에 있어 '남을 도와주고 싶다,'라는 생각밖에 하지 않는다고 해도 그 '행동'이 남에게 해를 끼친다면 결코 선한 행위라고 할 수 없다. 옛날 초등학생들이 읽던 책에 '친절이 지나쳐 오히려 불친절이 된 이야기'라는 제목의 글이 있었다. 병아리가 부화하려고 하나 좀처럼 알을 깨고 나오지 못하는 것을 보고 친절한 아이가 껍질을 벗겨주었다. 그런데 오히려 그 병아리가 죽고 말았다는 것이다.

이에 반해 '뜻'이 다소 비뚤어져 있더라도 그 행동이 민첩하고 충실하며 사람들에게 신뢰받는 것이라면 그 사람은 성공한다. 행위의 바탕이 되는 '뜻'이 비뚤어져 있는데 '행동'은 바르다는 논리는 본래 성립될 수 없는 것이다. 그러나 도리에 맞는 것처럼 보이게 하면 성인도 쉽게 속일 수 있는 법이다.

마찬가지로 현실 사회에서도 사람의 마음의 선악보다는 그 '행동'의 선악에 중점이 두어진다. 게다가 마음이 선한지 악한지 아닌지보다 '행동'의 선악 여부가 옆에서 보고 판단하기 쉬우므로 아무래도 '행동'이 뛰어나고 잘 보이는 사람이 더 신뢰받기 쉽다.

예를 들어, 에도 막부의 8대 장군 요시무네(吉宗, 1684~1751) 공이 시내를 순찰할 때 효성이 지극한 사람이 노모를 업고 절에 참배하고 있는 것을 보고 포상을 내렸다. 그런데 평소 행실이 나쁜 불량배가 이 말을 듣고 이렇게 말했다.

"그럼 나도 상을 하나 받아 내야겠다!"라며 남의 노파를 빌려 업고 참배하러 나갔다. 요시무네가 이 자에게도 상을 주자 측근이 사실을 고했다. "그자는 포상받기 위해 효행을 위장한 것입니다."라고 하자 요시무네는 "아니! 효행을 흉내 내는 것은 좋은 일이다."라며 칭찬의 말을 건넸다고 한다.

또한 『맹자』라는 고전에는 "절세미인 서시(西施)도 오물을 뒤집어쓰면 모두 코를 막고 도망친다."라는 말이 있다. 아무리 시대를 초월한 미인이라도 오물을 뒤집어쓰고 나면 아무도 가까이 다가오지 않게 된다는 뜻이다. 동시에 악마 같은 마음을 가진 악녀라도 겉모습이 요염하다면 자신도 모르게 빠져들게 되는 것이 남자의 마음이기도 하다.

그래서 '뜻'이 선악보다는 '행동'의 선악이 사람들의 눈에 더 잘 띄는 것이다. 이렇게 말을 잘하고 아첨을 잘하는 사람이 세상에서 칭송받기도 한다, 반대로 귀에 거슬리는 충고를 하거나 양심적이고 자상한 사람이 발목을 잡힌다. 그는 "하늘은 왜 이런 불의를 용서하는가? 하느님은 옳은 편인가 틀린 것인가?"라는 한탄하게 된다.

이에 반해 악랄한 사람이나 겉치레를 잘하는 사람은 상대적으로 성공하고 신뢰받는 경우도 생기게 되는 것이다.

인생은
노력에 달려 있다

　나는 올해(1913년)로 74세가 되는 노인이기 때문이다. 지난 몇 년 동안은 되도록 잡무를 피하려 하고 있다. 하지만 그렇다고 해서 완전히 손을 놓고 있을 수는 없는 노릇이고, 내가 만든 은행은 지금도 계속 돌보고 있다.
　이처럼 나이가 든 다음이나 혹은 젊은 시절 중에라도 노력하는 마음을 잃어버리면 그 사람에게선 발전과 성장을 기대할 수 없게 된다.
　동시에 그런 노력을 하지 않은 국민에 의해 지탱되는 국가 역시 번영도 성장도 할 수 없게 된다. 나도 평소에 노력하는 사람이 되려고 애쓰고 있다. 실제로 하루도 직무를 소홀히 한 적이 없다.
　매일 아침 일곱 시, 조금 전에 일어나서 방문객을 만나기 위해 노력하고 있다. 아무리 많아도 시간이 허락하는 한 거의 다 만나보려고 한다.
　나처럼 칠십이 넘은 노년에 접어들어도 아직 이렇게 게으름을 피우지 않느니만큼 젊은 사람들이 더 많이 노력해 주어야 한다. 한 번 게으름을 피우면 끝까지 게을러지는 것, 게을러서 좋은 결과가 나오는 일은 결코 없다.

예를 들어, 앉아서 일하면 서서 일하는 것보다 편할 것 같지만, 오래 앉아 있으면 무릎이 아파진다. 그렇다면 누워 있으면 더 편할 것 같지만 이것도 오래 하면 허리가 아프다. 게을러서 생긴 가져올 나쁜 결과는 역시 더한 게으름이고, 그것이 점점 더 심해지는 것이 정해진 절차다. 그래서 사람은 좋은 습관을 길러야 한다. 즉, 근면과 노력의 습관이 필요한 것이다.

세상 사람들은 흔히 "지식을 쌓아야 한다."든가 "시대 흐름을 읽어야 한다."라고 말한다. 그렇긴 하다, 시대를 알고 더 나은 선택과 결단을 내리기 위해서는 지식을 쌓는 것, 즉 학문을 연마해야 할 필요가 있다.

하지만 아무리 지식이 많아도 이를 활용하지 않으면 아무런 도움도 되지 않는다. 이를 활용한다는 것은 노력하여 실천에 옮기는 것이다. 이쪽도 배우지 않으면 아무리 여러 가지 지식이 있어도 전혀 활용할 수 없게 된다. 게다가 실천으로 연결하기 위한 배움은 한 번만 하면 되는 것이 아니다. 평생을 배워야만 비로소 만족할 만한 수준이 되는 것이다.

결국 사람이 세상에서 성공하는 데 필요한 요소로 지식과 학문이 필요한 것은 당연하지만, 그것만으로 성공할 수 있다고 생각하는 것은 오해일 뿐이다.

『논어』에는 이렇게 쓰여 있다. "사람들이 있고, 고향의 신사가 있는 환경이라면, 현실에서 충분히 배울 수 있다. 어찌 책을 읽는 것만이 배움이라고 할 수 있겠는가?" 공자의 제자 자로(子路)의 말이다.

그러자 공자는 "그렇지! 나는 입만 앞세우는 놈을 싫어한다."라고 답했다.

이 뜻은 "말만 하고 실천하지 못하는 것은 안 된다."라는 뜻이다. 나는 이 자로의 말이 훌륭하다고 생각한다. 책상에 앉아 책만 읽는 것을 학문이라고 생각하는 것은 완전히 잘못된 생각이다.

요컨대 평소의 행동이 중요하다.

이를 비유하자면 의사와 환자의 관계와 같다고 할 수 있다. 병을 치료하는 것이 의사의 일이라고 해도, 평소 건강에 신경을 쓰지 않다가 막상 병에 걸리면 당황해서 병원으로 달려가면 언제든 치료해줄 거로 생각하면 큰 오산이다. 의사는 분명히 "평소에 건강관리에 신경을 쓰세요!"라고 충고할 것이다.

그래서 나는 모든 사람이 계속 노력하기를 바란다. 동시에 생활 속에서 배우는 마음가짐을 잃지 않기를 진심으로 원하는 바이다.

올바른 입장에 근접하고
잘못된 입장을 멀리하는 길

　사물에 대해 "이렇게 해야 한다." "저렇게 하면 안 된다."라는 시비의 기준을 확실히 가진 사람은 바로 상식적인 판단을 내릴 수 있다. 하지만 때에 따라서는 그렇게 단순하게 구분할 수 없는 경우도 있다. 예를 들어, 누가 보아도 옳은 도리를 내세워 교묘한 말씨로 유도하면 자신도 모르는 사이에 평소의 주의나 주장과 정반대의 방향으로 유도되어 발을 들여놓는 처지에 빠지게 된다.
　이런 경우 무의식적으로 자신의 본심을 잃게 되는데, 이런 상황에 직면했을 때도 냉정한 머리를 갖고 끝까지 자신을 잃지 않도록 하는 것이 '의지의 단련'의 중요한 대목이다. 이런 상황에 빠졌다면 상대방의 말에 대해 상식에 비추어보며 스스로 물어보면 된다.
　이렇게 하면 "상대방의 말을 따르면 당장은 이익을 얻을 수 있겠지만, 나중에 불이익이 발생한다." 라든가 "이 사안에 대해서는 이렇게 단호하게 처리하면 당장은 불리하더라도 장래에 도움이 될 것이다."라는 것을 분명히 알게 되는 것이다. 만일 눈앞의 사건에 대해 이런 마음속 고찰이 더해지면 자신의 본심을 떠올리는 것은 매우 쉬워진다. 그 결과, 옳은 것을 선택하고 잘못된 것에서 벗어날 수 있을 것이다. 나는 위와 같은 방법이야말로 '의지의 단련'이라고 생각한다.

그러나 한마디로 '의지의 단련'이라고 해도 그것에는 선과 악의 두 가지 종류가 있다. 예를 들어 이시카와 고에몬(石川五右衛門, 1558~1594, 일본 도적의 대명사, 대표적인 도적 두목) 같은 인물은 나쁜 쪽의 '의지의 단련'을 쌓아왔기 때문에 나쁜 일에 대해서는 유난히 의지가 강했던 사람이라고 할 수 있다. 물론 나쁜 쪽에서의 '의지의 단련'이 참된 인생에 필요할 리가 없으므로, 이 점에 대해서는 나도 깊이 생각해 본 적은 없다. 하지만 상식적인 판단을 잘못한 채로 '의지의 단련'을 하다 보면 최악의 경우 이시카와 고에몬과 같은 사람을 만들어내지 말라는 법도 없다.

그렇기 때문에 '의지의 단련'의 목표를 먼저 상식에 비추어 판단하고 그 후에 실천해가는 것이 중요하다. 이렇게 단련된 마음으로 사물을 대하고 사람과 접촉한다면 사회를 살아가면서 실수를 저지르지 않을 것이다.

이렇게 논의를 하다 보면 '의지의 단련'에는 상식이 필요하다는 결론에 도달하게 된다. 상식의 함양 방법은 다른 곳에서 자세히 언급했으므로 여기서는 생략하겠지만, 역시 그 근간이 되는 것은 부모와 윗사람을 소중히 여기고, 양심적으로 안행해 사람들로부터 신뢰받는 것일 터이다. 특히 양심적인 마음과 부모를 소중히 여기는 마음, 이 두 가지를 바탕으로 형성된 의지를 갖추고 모든 일을 순리대로 진행하며 조용한 마음으로 차분히 생각한 후 결단해야 한다.

이렇게 하면 '의지의 단련'에 빈틈이 없어진다.

그러나 조용한 마음으로 차분히 생각할 수 있는 국면에만 '의지의 단련'이 필요한 것은 아니다. 예상치 못한 일을 당하는 일도 있고, 사람을 만났을 때 갑자기 그 자리에서 인사말을 해야 하는 경우도 드물지 않다. 이럴 때는 곰곰이 생각할 시간 같은 게 없기 때문에 바로 그 자리에서 적절한 대답을 내놓아야 한다. 하지만 평소에 이런 단련을 하지 않은 사람에게는 기지를 발휘하는 것이 쉽지 않다. 이에 따라 본의 아니게 원치 않는 결과가 나오기에 십상이다. 이런 것들도 평소에 잘 훈련해두면 결국에는 그것이 습관이 되어 어떤 상황에서도 흔들리지 않는 마음을 갖게 될 것이다.

04

제4장 | 인의(仁義)와 부귀(富貴)

진정으로 올바른 경제활동을 하는 방법
공자는 '경제활동'과 '부(富)와 지위'를 어떻게 생각했을까?
가난을 예방하기 위해 가장 먼저 필요한 것들
돈에는 죄가 없다
잘 모으고 잘 쓰자

진정으로
올바른 경제활동을
하는 방법

　실업이라는 것을 어떻게 생각해야 할까? 물론 그것은 세상의 상거래나 공장 생산과 같은 활동이 이윤을 창출해가는 것에 불과하다. 만약 상공업이 물질적 풍요로움을 가져다주지 않는다면 상공업은 무의미하고 아무런 공익도 없는 것이 될 것이다.
　하지만 그렇다고 해서 경제활동을 함에 있어 모두가 "내 이익만 오르면 나머지는 어떻게 되든 상관없다."라고 생각한다면 어떻게 될까?
　어려운 말 같지만, 만약 그런 상황이 된다면 맹자라는 사상가의 말처럼 "이익 따위는 입에 담을 필요가 없다. 사회를 이롭게 하는 도덕이야말로 중요한 것이다." 라든가 "위에 있는 사람이나 밑에 있는 사람이나 모두가 자기 이익만을 추구하면 나라가 위태로워진다."고 이해할 수 있다.
　"만약 모두를 위한 생각은 하지 않고 자기 혼자만의 이익들만 생각한다면, 다른 사람이 갖고 싶어 하는 것을 빼앗지 않으면 만족할 수 없게 된다."라는 것과 같은 사태가 발생한다. 그러므로 진정한 경제활동은 사회를 위한 도덕성을 기반으로 하지 않으면 결코 오래 지속될 수 없다.

이렇게 말하면 자칫하면 '이익을 줄이고 욕망을 버리자.'라든가 '세상 물정을 거스리자.'라는 식으로 좋지 않은 방향으로만 생각하기 쉽지만, 결코 그런 말이 아니다. 두터운 배려심을 갖고 세상의 이익을 생각하는 것은 물론 좋은 일만은 아니다.

그 속에서 사회를 이롭게 하는 도덕성을 갖지 않으면 세상의 일이라는 것은 조금씩 쇠퇴해 간다는 것이다.

학자 흉내를 내는 것 같지만, 지금으로부터 천여 년 전 송나라 시대에 중국의 한 학자가 지금 말한 것과 같은 형편에 처하게 된 일이 있다. 사회정의를 위한 도덕을 주장한 것은 좋지만, 현실에 근거해서 "사물은 이런 순서로 이렇게 진행되어야 한다."라는 식의 사고방식을 취하지 않았다. 이에 따라 이익에 대한 욕심을 버린 것은 좋았으나 극단으로 치닫다 보니 사람들의 원기가 떨어지고 국력도 쇠약해져 버리고 말았다. 결국 몽골의 침략을 받고 내부 혼란도 계속되어 종국에는 몽골의 원나라 왕조 아래 통일되는 지경에 이르게 되었다.

송나라 말기에 일어난 이 사건은 그야말로 현실을 도외시한 비극 이외 다름 아니다.

이처럼 현실에 입각하지 않은 도덕은 국가의 활력을 잃게 하고 상품생산력을 떨어뜨려 결국에는 국가를 멸망하게 만든다. 따라서 사회를 이롭게 하는 도덕이라 할지라도 한 걸음만 잘못하게 되면 국가를 망치는 원인이 될 수도 있다는 것을 명심해야 한다.

그렇다면 경제활동을 중시하고 "내게 이익만 되면 아무래도 좋다.", "남이야 어찌 되든 상관없다."라는 생각에 근거하면 되는 것일까?

현재 중국의 일부 풍조나 몽골의 원 왕조 등이 바로 이런 모습이었다. 자신만 생각하며 국가도 상관없고 나만 좋으면 된다는 식의 사고방식이 만연됨으로 인해 국가는 제 기능을 하지 못하고 그 권위를 잃어버렸다. "국가가 먼저 튼튼하지 않으면 개인도 망한다."라고 생각하는 사람이 거의 사라져버리는 결과를 초래한 것이다.

송나라 시대는 앞서 말했듯이 사회정의를 위한 도덕에만 치우치다가 나라를 망쳐 버렸다. 반면 오늘날에는 나만 잘되면 된다는 이기주의로 인해 자신을 스스로 위험에 빠뜨리는 상황이 벌어지고 있다. 이것은 비단 이웃 나라 중국만의 이야기가 아니다. 다른 나라들도 모두 마찬가지다. 즉, 이익을 얻으려는 것과 사회정의를 위한 도덕을 기준으로 삼아 따르는 것은 양자가 균형을 이룰 때 비로소 국가도 바람직하게 성장할 수 있다.

개인도 적당한 균형을 유지하면서 부를 쌓아가는 것이다. 예를 들어, 석유나 제분, 인공 비료와 같은 사업을 생각해 보자. 만약 이윤을 창출하려는 생각 없이 그저 되는 대로 하면 된다는 식이었다면 사업은 절대로 성장하지 않을 것이고 풍요로움도 이룰 수 없을 것이 분명하다.

만약 그 일이 자신의 이해관계와 무관하거나 전혀 남의 일로서 돈을 벌어도 내가 행복해질 것도 아니고, 손해를 봐도 내가 불행해지지도 않을 것이라고 여긴다면 사업은 전혀 진척되지 않을 것이다. 그러나 자기 일이라면 이 사업을 발전시키고 싶다고 여기고 실제로 성장시켜 간다. 이것은 논쟁의 여지가 없는 사실이다.

그러나 한편으로 그런 마음이 너무 강해서 남에게 이기려고만 하거나, 세상의 기류나 상황을 읽지 않고 나만 좋으면 된다는 사고를 하고 있다면 어떻게 될까? 반드시 자신도 그 같은 상황을 되돌려 받게 되어 혼자만 이익을 취하려고 했던 그 자신부터 호되게 당하여 무너져 내리게 되는 것이다.

옛날처럼 문명이 그다지 발달하지 않은 시대에 초점을 맞추면 혹은 요행수가 있었을지도 모른다, 하지만 세상이 발전함에 따라 모든 것을 규칙대로 해야 하는 시대가 되었다.

그런 상황에서 내 형편만 좋으면 된다고 생각한다면, 예를 들어 철도 개찰구를 통과할 때도 좁은 공간에서 서로 먼저 가려는 사람들로 인해 꽉 막혀버리게 될 것이다. 그러면 아무도 통과할 수 없게 되어 곤란한 상황에 부닥치게 된다.

가까운 예로 생각해도 나만 좋으면 된다는 생각이 결국 자기에게 이익이 되지 않는다는 것은 이 일화만 봐도 알 수 있을 것이다.

그래서 내가 항상 바라는 것은, 우선 사람들이 "일을 발전시키고 싶다. 물질적 풍요로움을 성취하고 싶다."는 식의 욕망을 가슴속에 품고 있는 것은 좋으나, 그 욕망을 실천해 감에 있어서 도리를 지켜주었으면 하는 것이다.

그 도리는 사회의 기본적인 도덕을 균형 있게 추진해 나가는 것에 불과하다. 도리와 욕망이 제때 딱 맞아 떨어지지 않으면, 앞서 말한 중국이 쇠퇴한 경과처럼 될 수 있다. 또한 욕망이 아무리 정교해져도 도리를 거스르게 되면 언제든지 '남이 원하는 것을 빼앗지 않으면 만족할 수 없게 된다.'라는 식의 불행을 가져올 수 있게 되는 것이다.

공자는
'경제활동'과 '부(富)와 지위'를
어떻게 생각했을까?

　지금까지 공자의 가르침을 믿는 학자들이 공자의 가르침을 오해한 것 중에서 가장 심각한 것은 부(富)와 지위 및 경제활동에 대한 두 가지 생각일 것이다. 그들이 해석한 논어에 따르면, '도덕과 배려의 정치를 내걸고 세상을 다스리는 것'과 '경제활동을 통해 부와 지위를 얻는 것'은 타는 숯과 얼음처럼 함께 할 수 없는 것으로 보인다.

　그렇다면 공자는 과연 "부와 지위를 얻은 사람은 도덕적으로 세상에 이바지할 생각 따위는 하지 않는다. 그러나 높은 도덕심을 가진 인물이 되고 싶다면 돈을 벌려고 해서는 안 된다."라고 설파한 것일까?

　내가 20편이나 되는 『논어』를 샅샅이 뒤져봐도 그런 의미의 말은 하나도 발견할 수 없었다. 아니, 오히려 공자는 경제활동의 도(道)에 관해 이야기하고 있을 정도였다. 그러나 그런 공자의 설법이 다른 데서도 그리했듯이, 전체가 아닌 절반만을 들어 설교했기 때문에 학자들은 그 전체를 이해하지 못했고, 결국은 잘못된 해석을 세상에 전하게 된 것이다.

예를 들어, 『논어』에 이런 구절이 있다.
"인간이기 때문에 누구나 부와 지위가 있는 삶을 누리고 싶어 한다. 그러나 정직한 삶을 통해 얻은 것이 아니라면 거기에 집착해서는 안 된다. 반대로 가난하고 비천한 삶은 누구나 싫어하는 것이다. 하지만 정직하게 살면서 부수적으로 얻은 것이 아니라면 억지로 높이 기어오르려고 해서는 안 된다.

이 말도 또한 얼핏, 부와 지위를 경시하는 내용으로 보이지만 실은 한 쪽 측면만을 강조한 것이다. 잘 살펴보면 부와 지위를 경멸한 부분은 하나도 없다. 단지, 부와 지위에만 몰입되어 거기 집착하게 되는 것을 경계했을 뿐이다.

이 구절만을 보고 "공자는 부와 지위를 싫어했다."라고 해석하는 것은 큰 오산이라고 하지 않을 수 없다. 공자가 말하고 싶었던 것은, "도리를 겸비한 부와 지위가 아니라면 차라리 가난하고 천하게 사는 것이 낫다. 그러나 바른 도리에 따라 부와 지위를 얻었다면 아무런 문제가 없다."라는 뜻이다.

이렇게 생각하면 부와 지위를 경멸하고 가난과 천한 것을 떠받드는 것 같은 공자의 말은 더욱더 찾아볼 수 없게 된다.

이 구절을 제대로 해석하려면 '정직하게 살면서 얻은 것이 아니라면'이라는 단서 구절에 주목하는 것이 무엇보다 중요하다.

또 다른 예를 하나 더 들어보자면 역시 『논어』에 이런 구절이 있다.

"만약 부가 추구할 만한 가치가 있는 것이라면, 아무리 천한 일을 해서라도 그것을 추구하는 것이 좋다. 그러나 그만한 가치가 없다면 나는 내가 좋아하는 길을 그대로 가고 싶다." 이 역시 부와 지위를 경멸하는 말처럼 해석될 수 있다. 그러나 지금 이를 제대로 읽어낸다면, 이 말속에 부나 지위를 경멸하는 내용은 하나도 찾아볼 수 없다.

"부가 추구할 만한 가치가 있는 것이라면 어떤 천한 일이라도 할 수 있다."라는 말은 "올바른 길과 도덕을 통해 부를 얻을 수 있다면!" 이라는 뜻이다.

즉, '바른길을 걸으며'라는 한 구절이 이 말의 뒷면에 숨겨져 있다는 것을 주목해야 한다. 그리고 후반부는 "정당한 방법으로 부를 얻을 수 없다면, 언제까지나 부에 연연하고만 있어서는 안 된다. 정직하지 않은 수단으로 부를 얻는 것 보다 차라리 가난을 감내하면서 정직하게 사는 것이 낫다."라는 의미이다.

정직한 삶에 어울리지 않는 부는 거들떠보지 않는 것이 좋지만 가난하고 천하게 사는 것을 즐기라는 뜻은 아니다.

이제 이 구절을 간단히 줄이면 다음과 같다.

"정직한 삶을 통해 얻을 수 있다면, 어떤 천한 일을 해서라도 돈을 벌 수 있다. 그러나 정직하지 않은 수단을 택할 바에는 차라리 가난하게 살라!" 역시 이 말의 이면에는 '올바른 방법'이라는 것이 전제되어 있다는 것을 잊지 말아야 한다.

"공자는 부를 얻기 위해서라면 천한 일조차도 경멸하지 않았다."라고 단언하면, 아마도 세상 학자들은 눈이 둥그러지며 놀랄 것이다. 그러나 사실은 어디까지나 사실 그대로다. 실제로 공자 스스로가 그렇게 말했으니 어쩔 수 없는 일이긴 하나 무엇보다 공자가 말하는 부는 뭐라 해도 올바르게 얻은 것이라고 인정받는 부를 말한다. 옳지 않은 부나 정도에서 벗어난 명성은 이른바 '뜬구름'과 같아서 금방 사라져버린다.

그런데 공자의 가르침을 받는 학자들은 이 두 가지를 명확하게 구분하지 않고 부와 지위, 공적과 명성이라면 선악을 가리지도 않고 모두 나쁜 것으로 간주했다. 이것은 지레짐작의 성급한 판단이 아니었을까? 공자 역시 올바른 삶의 방식에 부합하는 부와 지위, 공로와 명성은 스스로 얻으려 했던 것이다

가난을
예방하기 위해
가장 먼저 필요한 것들

　나는 옛날부터 가난한 사람을 구제하는 것은 인도주의와 경제, 이 두 가지 측면에서 처리해야 한다고 생각해왔다. 그러나 오늘날에는 여기에 더해 정치라는 측면에서도 행동에 나서야 할 필요성이 대두되고 있는 게 아닐까 한다.

　내 친구가 작년에 가난한 사람들을 구하는 유럽의 활동을 시찰하기 위해 출장을 떠났다. 약 1년 반의 시간을 보내고 돌아왔는데, 나도 그의 출발을 어느 정도 도와준 인연이 있는 관계로 그가 귀국 후 동지들을 불러 모아 보고회를 개최하는 기회에 참석하게 되었다.

　그의 말에 따르면, 영국은 이 사업을 완성하기 위해 약 3백년 동안 고군분투한 끝에 최근에서야 조금씩 활동이 정비되기 시작했다는 것이다. 또한 덴마크는 영국보다 더 정비가 잘 되어 있지만, 프랑스, 독일, 미국 등은 더 이상 미룰 수 없는 절박한 상황 속에서 나라마다 독자적으로 이 문제에 힘을 쏟고 있다고 했다. 해외의 사정을 들으면 들을수록 예나 지금이나 그들도 우리와 똑같은 곳에 힘을 쏟고 있는 것 같다는 생각이 들었다.

이 보고회에서 나도 그 자리에 모인 친구들에게 이런 의견을 피력했다.

"인도적, 경제적 측면에서 약자를 구하는 것은 당연한 일이지만, 정치적인 측면에서도 약자를 보호하는 것을 잊어서는 안 된다. 그러나 그것은 공짜로 밥을 먹여주고 놀게 해주면 된다는 것이 아니다. 가난해지고 나서 직접 보호해주는 것보다는 가난을 예방할 수 있는 방책을 마련해야 하지 않을까? 일반 서민들의 지갑에 직접적으로 영향을 미치는 세금을 가볍게 해주는 것도 그 방법의 하나일지 모르겠다. 소금을 정부가 전매 형태로 독점하여 어느 일개인이 이윤을 남기는 것을 막는 것 등이 대표적인 예가 아닐까?"

이 모임은 '중앙자선협회'에서 개최된 것이었는데, 회원들 역시 대부분 내 말에 동의해 주었다. 지금도 그 실행방법에 대해 각계각층과 연계하여 함께 조사를 진행해가는 중이다.

아무리 내가 힘들게 쌓은 부라고 해도 그 부가 나 혼자만의 것으로 생각하는 것은 큰 착각이다. 요컨대 사람은 혼자서는 아무것도 할 수 없는 존재다. 국가 사회의 도움이 있어야 비로소 자신도 이익을 창출하고 안전하게 살아갈 수 있다. 만약에 국가 사회가 없었다면 그 누구도 아무 탈 없이 세상을 살아가는 것은 불가능했을 것이다. 이렇게 생각해 보면, 부를 손의 쥐면 쥐는 만큼 더 사회로부터 도움을 받는 셈이다.

그래서 이 은혜에 보답한다는 의미에서 가난한 사람들을 돕는 자선사업에 나서는 것은 오히려 당연한 의무이다. 가능한 한 사회를 위해 도움을 주어야 하는 것이다.

"높은 도덕성을 지닌 사람은 자신이 일어서고 싶으면, 먼저 남을 일으켜주고, 자신이 얻고 싶다고 생각되면 먼저 남에게 얻게 한다."라는 논어의 가르침처럼 자신을 사랑하는 마음이 강하다면, 그만큼의 사람에게 베푸는게 맞다. 세상의 부자들은 먼저 이런 관점에 주목해야 한다.

▶ 관동대지진부흥위원회 근무 시절(왼쪽, 1924년경)

돈에는
죄가 없다

　나는 평소의 경험에서 배운바 "논어와 주판(算盤)은 일치해야 한다."라는 설을 주창하고 있다. 공자는 도덕의 필요성을 절실하게 가르치고 있지만, 한편으로는 경제에 대해서도 상당한 관심을 기울이고 있다고 생각한다. 이는 『논어』에서도 흔히 찾아볼 수 있으나, 특히 『대학(大學)』이라는 고전에 '재산을 만들기 위한 올바른 길'이 언급되어 있다.
　물론 지금 사회에서 정치를 하려면, 그 실무를 위한 필요 경비가 꼭 필요하게 된다. 또한 일반인들의 의식주와 관련된 재정적 비용이 필요한 것은 두말할 나위도 없다.
　한편, 나라를 다스리고 국민이 안심하고 살 수 있도록 하기 위해서는 도덕이 필요해지므로 결국 경제와 도덕은 서로 조화를 이루어야 한다.
　그래서 나는 한 명의 기업인으로서 경제와 도덕을 일치시키기 위해 항상 "논어와 주판(算盤)의 조화가 중요하다."라고 알기 쉽게 설명하여 일반인들이 쉽게 주의를 게을리하지 않도록 유도하고 있다.

옛날에는 동양뿐만 아니라 서양에서도 대체로 돈을 극단적으로 천시하는 풍조가 있었던 것 같다. 원래 경제와 관련된 것은 '득실' 즉, 이익과 손실이라는 관점이 우선시 되는 것이다. 그래서 때에 따라서는 양보나, 사리사욕을 탐하지 않는 미덕을 해치는 것으로 보이기도 한다. 일반인의 경우, 가끔 이런 실수에 빠질 수 있으므로 이를 강하게 경계하기 위해 "돈에 가까이하지 말라."는 가르침을 설파하는 사람들이 있었다. 그러다 보니 그 같은 개념이 자연스럽게 일반인들에게 정착된 것 같다.

예전에 어느 신문에서 아리스토텔레스의 말을 인용한 적이 있다. "모든 상거래는 죄악이다."라는 의미의 문장이 실렸던 것으로 기억한다. 상당히 극단적인 어법(語法)이라고 생각했는데 다시 곰곰이 생각해 보니 이런 생각이 들었다. 즉, 모든 이익과 손해를 수반하는 것에 대해 사람은 욕망에 빠져들기 쉽다는 것이다. 그러다 보면 성실한 삶의 방식에서 벗어나는 경우도 생긴다. 그래서 이런 폐해를 경계하기 위해 이런 과격한 표현을 사용한 것이 아닐까? 하는 생각이 들었다.

인정이 가진 약점의 하나로 아무래도 재화에 눈이 가기 쉬우므로 정신적인 면을 잊고 재화에 치우치는 폐해가 생긴다. 이것은 어쩔 수 없는 일일 것이다. 그리고 사고방식이 유치하고 도덕성이 부족한 사람일수록 이런 폐해에 빠지기 쉽다. 예전에는 일반적으로 보면 지식도 부족하고 도덕심도 희박했기 때문에 이익과 손실에 눈이 멀어 죄를 짓는 경우가 많았던 것 같다. 그래서 더욱더 돈을 경멸하는 풍조가 고양되었다.

이런 점에서 오늘날의 사회 상황은 예전보다 지혜와 지식도 많이 발전했고, 사상과 정서적으로도 세련된 사람들이 많아졌다. 다시 말해서 일반인들의 인격이 높아지면서 돈에 관한 생각도 상당히 발전해왔다는 뜻이다. 훌륭한 수단으로 수입을 얻고 선한 의도로 그것을 사용하는 사람도 많아졌기 때문에 돈에 대한 공정한 견해를 가지게 되었다.

하지만 앞서 말했듯이, 인정의 약점으로서 이익에 대한 욕심이 지나쳐 자칫 잘못하면 부를 앞세우고 도의를 져버리는 폐해가 생겨버리고 만다. 그것이 지나치면 돈을 만능으로 생각하게 되고 소중한 정신의 문제를 잊어버리면서 물질의 노예가 되기 쉽다.

이렇게 되면, 물론 그 책임은 그 사람에게 있지만, 돈의 부정적인 면을 경계하고 그 긍정적인 면까지 경계하게 되어 다시 아리스토텔레스의 말을 되풀이하게끔 되고 마는 것이다.

그래도 다행스럽게 세상 일반의 발전과 함께 돈에 대한 관점도 상당히 건전해져 이익 추구와 도덕을 분리하지 않으려는 경향이 높아지고 있다.

특히 서양에서는 "올바른 부는 올바른 활동을 통해 얻어야 한다."는 생각이 꾸준히 실행되고 있다. 젊은이들도 이 점을 깊이 유념하여 돈의 부정적인 면에 발목을 잡히지 말고 도의와 함께 돈의 진정한 가치를 이용해 가도록 노력했으면 하는 바람이다.

잘 모으고
잘 쓰자

    돈은 현실에서 통용되는 화폐의 통칭이다. 그리고 돈은 다양한 물품의 대표 격이기도 하다. 화폐가 유용한 이유는 그것으로 어떤 물건이든 살 수 있기 때문이다. 이 다양한 것에 대표성의 가치를 가지고 있다는 점이 소중한 것이다. 그래서 화폐의 첫 번째 조건은 화폐 자체의 가치와 물건의 가격이 같아야 한다. 만약 명목만 같더라도 화폐 쪽의 가치가 떨어지면 물가가 올라가 버린다.

    또한 화폐는 나누기에도 편리하다. 여기 1엔짜리 찻잔이 있다고 치자. 이것을 둘로 나누려고 해도 그럴 수 없다. 찻잔을 깨뜨려 반으로 쪼개 오십 전(錢)짜리로 만들기는 불가능하다. 그러나 화폐라면 쉽게 그렇게 할 수 있다. 10엔의 2분의 1을 원한다면 5엔짜리 동전이 있기에 그러하다.

    또한 화폐는 물건의 가격을 결정할 수 있다. 만약 화폐라는 것이 없다면 이 찻잔과 담배 케이스 중 어느 쪽의 가치가 더 높은지 명확하게 결정하기 어렵다.

    하지만 찻잔은 개당 1엔, 담배 케이스는 10엔이라면 찻잔은 담배 케이스의 10분의 1에 해당한다는 것을 알 수 있다. 화폐가 있어야만 양자의 가격도 결정되는 것이다.

일반적으로 돈은 소중히 여겨야 한다. 이것은 젊은 사람들에게만 바라는 것이 아니다. 노인도 중년도, 남자도 여자도, 모든 사람이 돈을 소중히 여겨야 한다.

앞서 말했듯이 화폐는 물건을 대표할 수 있으므로 물건과 마찬가지로 소중하다.

고대 중국 하(夏)나라의 첫 번째 전설적인 임금, 성왕으로 유명한 우왕(禹王)은 사소한 것 하나도 소홀히 다루지 않은 것으로 유명하다.

또한 송나라 시대의 사상가 주자(朱子)는 이렇게 말했다.

"밥 한 그릇도 그것을 만들기 위해서는 얼마나 많은 노고를 겪어야 하는지 알아야 한다. 종이쪽지나 실 한 조각도 쉽게 만들어지지 않았다는 것을 알아야 한다."라고 했다. 단 한 조각의 실 보푸라기나 종잇조각, 쌀 한 톨도 함부로 다루어서는 안 된다는 것이다. 이 점에 대해 한 가지 재미있는 이야기가 있다.

영국 은행에 유명한 길버트라는 인물이 있었다. 그는 청년 시절 취업 시험을 보려 처음으로 은행에 갔다. 그런데 돌아가는 길에 방 안에 핀 하나가 떨어져 있는 것을 발견했다. 길버트는 즉시 이 핀을 주어 자신의 옷깃에 꽂았다. 이를 본 시험관이 길버트를 불러 세웠다. "당신은 방금 무언가를 주운 것 같은 데 그게 뭐죠?"라고 물었다. 그러자 길버트는 겁먹은 기색 없이 대답했다.

"핀 한 개가 떨어져 있었어요. 주워 두면 쓸모도 있지만, 그대로 두면 위험할 것 같아 주웠습니다." 이 대답을 들은 시험관은 크게 감탄하며 다시 여러 가지 질문을 던져보니 그는 매우 사려 깊고 유망한 청년이라는 것을 새삼 알 수 있었다. 그는 결국 은행에 채용되었고, 훗날 큰 은행가가 되었다.

또한 돈은 사회의 힘을 발휘하기 위한 중요한 도구이기도 하다. 돈을 소중히 여기는 것은 물론 옳은 일이지만 필요할 때 잘 쓰는 것도 그에 못지않게 좋은 일이다. 잘 모으고 잘 씀으로써 사회를 활성화하고 경제활동의 성장을 촉진하는 것을 뜻있는 사람은 꼭 염두에 두었으면 한다.

돈의 본질을 제대로 아는 사람이라면 잘 모으는 동시에 잘 써야 한다. 잘 쓴다는 것은 올바르게 지출하는 것이고 좋은 일에 쓰는 것을 의미한다.

훌륭한 의사가 대수술에 사용해서 환자의 생명을 구하는 '메스'도 미친놈이 손에 쥐게 되면 사람을 해치는 도구가 된다. 이와 마찬가지로 우리는 돈을 소중히 여기고 좋은 일에 쓰는 것을 잊지 말아야 한다.

돈은 소중히 여겨야 할 대상인 동시에 경멸의 대상이기도 하다. 그렇다면 어떻게 해야 "소중히 여겨야 하는 돈"으로 되는 것일까? 그것을 결정하는 것은 모두 소유자의 인격에 달려 있다. 그런데 세상은 소중히 여긴다는 의미를 잘못 해석하고 무조건 아끼는 것에만 몰두하는 사람들이 적지 않다. 이것은 정말 주의해야 할 부분이다.

돈을 낭비하는 것은 경계해야 한다. 그러나 동시에 인색해지는 것도 조심해야 한다. 잘 모을 줄만 알고, 잘 쓸 줄을 모르면 결국에는 수전노가 되어버린다.

지금의 젊은이들은 돈을 막 쓰는 사람이 되지 않기 위해 노력하는 동시에 수전노가 되지 않도록 주의해야 한다.

05

제5장 | 이상과 미신

뜨거운 진심이 필요하다

도덕은 진화해야 하는가?

하루를 새로운 마음으로

수행자의 실패

진정한 운명

뜨거운 진심이
필요하다

어떤 일에든 요즘 유행하는 말로 '취미' 즉, 흥미진진한 재미가 있어야 한다고 한다. 나는 학자가 아니기 때문에 이 '취미'라는 단어의 정의에 대해 자세한 해석을 할 수는 없다. 그러나 사람이 어떤 일을 해낼 때는 이 '취미'를 가졌으면 좋겠다는 생각이 든다.

'취미(趣味)'라는 글자의 의미는 '이상(理想)'이라던가 '욕망(慾望)'으로도 해석할 수 있다. 또한, '좋아하거나 즐긴다.'라는 의미로도 받아들일 수 있다. 이러한 '취미'라는 글자의 의미를 종합적으로 해석하면 다음과 같을 것이다.

말을 할 때 단순히 자신의 역할 분담을 정해진 대로만 수행한다면 그것은 속된 말로 '정해진 대로'이다. 그저 명령에 따라 처리하는 것에 불과하다, 하지만 여기에 '취미'를 가지고 일에 매달린다고 가정해보자. 그러면 서로 의욕을 가지고 말을 하게 된다.

"이 일은 이렇게 하고 싶다. 저렇게 하고 싶다."

"이렇게 해보고 싶다."

"이렇게 된다면 이것을 이리하면 이렇게 될 것이다."

라는 식으로 이상과 생각을 덧붙여 실행에 옮기게 될 게 틀림없다. 그것이 처음으로 취미를 갖게 된 것이다. 나는 '취미'의 의미는 그 어림쯤에 있는 것으로 이해하고 있다. 취미에 대한 완벽한 정의는 차치하고서라도, 사람은 자신의 임무를 수행하면서 반드시 취미를 가졌으면 좋겠다. 한 걸음 더 나아가 사람으로 태어난 만큼 사람으로서의 취미를 가졌으면 좋겠다는 생각도 든다.

사회 속에서 한 사람이 취미를 가지고 자기 몫을 해가며 그 취미의 수준이 높아지면 그에 걸맞은 성과가 세상에 나오게 될 것이다. 거기까지는 아니더라도 취미에 맞는 행동이라면, 반드시 그 일에 정성이 깃들게 될 수밖에 없다. 만약 정해진 대로 일만 한다면 생명 따위는 깃들지 않고 틀에 박힌 것밖에 되지 않는 것이다.

어느 책의 건강법 중에 이런 말이 있다.

"늙어서도 아직은 다행히 수명이 남았다고 해도 그저 먹고 자고 하루를 보낼 뿐인 삶이라면 거기에는 생명은 없고 고깃덩어리만 있을 뿐이다. 반면, 늙어서 몸은 만족스럽게 움직이지 못해도 마음만은 세상에 보탬이 되고자 한다면 그것은 생명이 있는 존재가 된다. 인간은 생명이 있는 존재가 되고 싶지 고깃덩어리로 남고 싶지는 않다."

이 말은 나처럼 나이를 먹은 자들에겐 항상 염두에 두어야 할 사항이다.

"저 사람은 아직 살아 있는 것일까?"라는 말을 들을 정도면 고깃덩어리가 된 것으로 생각해도 틀리지 않는 말이다. 만약 그런 사람들만 남아있게 된다면, 이 나라는 활기를 잃게 될 것으로 생각한다. 오늘날에도 사회에서 명성이 높았던 인사로서 "저분이 아직 살아 있었나?"라고 여겨지는 사람들이 많이 있다. 이래서는 고깃덩어리에 지나지 않는다.

이것은 사업에 임하는 경우에도 마찬가지다. 단순히 일만 하는 것이 아니라 그 일에 대한 취미를 가져야 한다. 만약 취미가 없다면, 할 마음도 없어지고 그냥 나무 조각 인형과 다를 바 없게 된다.

설사 그것이 어떤 일이든 간에 자신이 해야 할 일에 깊은 취미를 가지고 노력하면, 모든 것이 뜻대로 되지는 않더라도 마음에서 우러나오는 이상과 사고의 일부분이라도 이루어낼 수 있다고 생각한다.

공자의 말에도 "이해하는 것은 사랑하는 것의 깊이에 미치지 못한다. 사랑하는 것은 즐기는 경지의 깊이에 미치지 못한다."는 말이 있다. 이것은 취미의 극치라고 해도 좋을 것이다. 자신의 직무에 대해서는 뜨거운 진심이 없으면 안 된다.

도덕은
진화해야 하는가?

 도덕이란 것도 다른 물리학이나 화학처럼 조금씩 진화하는 것일까? 다시 말해 도덕은 문명의 진화에 따라 스스로도 진화할 수 있는 것일까?
 조금 어려운 이야기일 수도 있지만, 이렇게 생각해 보길 바란다. 자신의 도덕성을 확고히 하고 싶을 때, 앞서 언급했듯이 종교적 신념을 갖는다는 전통적인 방법이 있다. "이를 활용하는 것이 좋을까? 아니면, '논리의 힘으로 도덕심이나 공공심을 유지할 수 있게 된다.'라는 해석상의 진화 같은 것이 자신의 힘이 되어 주기를 기대하는 것이 좋을까?" 애초에 도덕이라는 글자는 고대 중국 전설시대에 쓰던 '왕자의 도'라는 의미가 그 어원이 되고 있다. 그만큼 도덕의 기원은 오래된 것이다.
 "오래된 것은 자연스럽게 진화해야 한다."라는 다윈의 설[1]에 따라 이를 생각해 봤다고 하자. 진화라는 현상이 생물에게만 국한된 것이 아니라면, 과학의 발명이나 생물이 진화하는 데 따라 점차 오래된 도덕도 진화해 가야좋지 않을까 싶다.

물론 진화론이라는 것은 많은 생물에 관해 설명하기 위해 세워진 학설이다,

하지만 연구를 거듭하다 보면, 생물뿐만 아니라 다양한 것들이 시간의 흐름에 따라 변화하는 것, 아니 변화라기보다는 차라리 전진하는 것 같은 느낌이 들지 않을까?

도덕의 진화라는 관점에서는 중국에 재미있는 이야기가 있다. 언제 적 가르침인지는 잘 모르겠지만 중국에서는 '24효(孝)[2)]'라 하여 스물네 가지 효행의 예를 들고 있다. 그중에 이런 웃지 못할 이야기가 하나.

곽거(郭巨)라는 사람이 가난해서 부모를 부양할 재산이 없어 어쩔 수 없이 자기 자식을 생매장하여 부양해 먹일 입을 줄이려고 했다. 그래서 땅을 파보니 가마솥이 나왔다. 그 솥 안에는 황금이 가득 들어 있었다. 그래서 자식을 생매장하지 않고 부모를 부양할 수 있었다. 이것이 바로 효도의 덕목이란 것이다.

만약 지금 세상에서, "부모에게 효도하기 위해 자식을 산 채로 묻는다."면 "참 한심한 놈이다!"라는 말을 들을 것이 뻔하다. 즉, 효행 하나만 보더라도 세상이 발전함에 따라 사람들이 무엇을 칭찬하고 무엇을 비난하는가의 기준은 달라지고 있다고 봐도 무방할 것이다.

한 가지 예를 더 들어보자. 왕상(王祥)이라는 사람이 부모님을 먹여 살리기 위해 잉어를 잡으려고 한겨울 얼어붙은 연못 위에 벌거벗고 누워 있었다. 그러자 잉어가 얼음 구멍에서 튀어나왔다고 한다. 이는 지어낸 이야기일 수도 있지만 만일 사실이라면 참 곤

란한 이야기다. 아무리 효를 위해서라 해도 그 진심이 하늘에 도달하기 전에 본인이 얼어 죽어 버린다면 오히려 효의 길에 어긋나는 것이 아닌가.

생각해 보면 이 '24효(孝)'의 가르침은 어디까지나 가설적이기 때문에 그다지 좋은 예가 되지 못할 수도 있다. 하지만 지금 예로 든 것처럼 좋은 행위에 관한 생각도 세상의 진보와 함께 변해 버릴 수도 있는 것이리라.

실제 사물로 생각해 보면, 전기나 증기기관이 없던 시절을 지금 와서 돌이켜 보면 더 이상 비교할 수 없을 정도로 달라졌다고밖에 할 수 없다.

마찬가지로 도덕이란 것도 '24효'의 예처럼 과거일 때와 현재에서가 크게 달라진 면이 없다, 그렇다면 옛날의 도덕이라는 것은 진보함에 따라 존중해야 할 가치가 별로 없어지는 일도 있지 않을까.

그러나 한편으로 인(仁)이나 의(義)와 같은 사회정의를 위한 중요한 도덕적 가치를 생각해 보면, 동일인의 사고방식은 예나 지금이나 크게 달라지지 않은 것 같다. 이는 수천 년 전 서양의 학자나 성인, 현인이라고 불리는 사람들의 사고방식을 봐도 마찬가지다, 오늘날 물리학이나 화학이 아무리 발전하고 사물에 대한 지식이 풍부해져도 이 근본적인 점에 대해서는 변하지 않는다. 결국, 도덕의 근본에 대해 말하자면, 옛날 성인이나 현인이 설파한 도덕이라는 것은 과학의 발전으로 사물이 변하는 것처럼은 변하지 않을 것 같다고 본다.

하루를
새로운 마음으로

　사회 형편은 해마다 발전하는 것으로 보인다. 또한 학문도 국내외를 막론하고 조금씩 새로운 것이 나오고 있다. 이렇게 사회는 매일, 매달 발전하는 반면에 세상일은 그렇지 못하다. 세월이 흐르면서 부정적인 면이 생겨나고 장점이 단점이 되고 이익이 해악으로 되는 것을 피할 수 없는 것이다.
　특히 나쁜 습관이 계속되면 발랄한 원기가 사라져버린다. 이 때문에 옛사람들은 이러한 가르침을 남겼다.
　은(殷) 왕조를 세운 탕왕(湯王)은 세숫대야에 "하루를 새로운 마음으로, 매일 매일을 새로운 기분으로, 또 하루를 새로운 마음으로!"라고 새겨 넣었다. 별것 아닌 가르침이지만 확실히 매일 새로운 마음으로 사는 것은 재미있다.

　한편, 모든 것이 형식적으로 되어버리면 정신이 점점 쇠퇴해버리는 것도 사실이다. 무엇에나 "하루를 새로운 마음으로!"라는 마음가짐이 중요한 것이다.
　정치의 세계에서 사회 현안들이 정체된 것은 결정해야 할 일이 너무 많기 때문이다. 관료들도 형식적으로, 예를 들어 사물의 본질을 생각하려 하지 않고 자신에게 주어진 일을 기계적으로 처리하는 것으로 만족하고 있다. 아니 관료들뿐만 아니라 기업이나 은행에도 이런 풍조가 만연해 있는 것 같다.

원래 형식에 치우치는 듯한 풍조는 발전 중인 활기찬 나라에서는 드물다.

반대로 오랜 관습이 뿌리내린 낡은 나라에는 만연되어 있을 것이다. 도쿠가와(德川) 막부가 무너진 것도 이러한 이유 때문이었다.

중국에는 "전국시대에 있던 여섯 나라는 진(秦) 나라에 의해 멸망한 것이 아니라 스스로 멸망할 원인을 만들어서 멸망한 것이다."라는 말도 있다.

막부를 멸망시킨 것도 막부 자신이었다. 태풍이 불어도 뿌리가 굳건한 나무는 쓰러지지 않는 것이다.

조금 이야기가 달라지지만, 나는 유교를 믿으며 이를 말과 행동의 규범으로 삼고 있다. 『논어』에는 "하늘에 죄를 짓고 나면 아무리 기도해도 소용이 없다."라는 말이 있는데, 나도 내 행동이 하늘에 부끄럽지 않은 것인지 항상 염려하고 있다. 그러나 나 혼자라면 그러는 것이 좋을지 모르겠으나 일반 민중은 그렇게만 되지는 않는다. 지식이 부족한 자들에게는 역시 일반적인 종교가 필요하게 되는 것이다.

그런데 오늘날의 상황은 전혀 사람들의 마음이 하나로 뭉치게 될 만한 것도 없고 종교도 형식적으로 변질하여 버렸다. 안타깝게도 종교계는 마치 다도의 유파(流派)처럼 분열된 모습이 되고 말았다. 이래서는 민중을 이끌 수도 없다. 어떻게든 반드시 해결해야 할 상황이라고 생각한다.

이에 대해 좋은 대책을 세우고 싶지만, 세간에는 미신 같은 것이 여전히 성행하고 있다. 미신을 잘 못 믿어 논밭을 남에게 넘겨 버린다든지 생활비를 탕진해 버렸다는 사람들도 많다. 제대로 된 종교인들이 정말 열심히 활동하지 않으면 이런 세력들은 점점 더 번성할 수밖에 없을 것이다.

사람들은 "신념이 강하면 도덕은 필요 없다!"라고 말한다. 그 신념을 굳게 지키도록 해야 한다.

수행자의 실패

　내가 열다섯 살 때였다. 내게는 누나가 한 명 있었는데, 뇌병변 장애로 정신 질환을 앓게 되었다. 스무 살이라는 적지 않은 나이였는데도 여성에게 흔히 있을 수 없는 폭언과 폭행을 일삼고 심한 착란 증세를 보였기 때문에 부모님도 걱정을 많이 하셨다.
　어쨌든 여자의 일이라 다른 남자에게 맡길 수도 없었고 하여 나는 정신병에 걸린 누나의 뒤에 딱 붙어 따라다녔다. 누나에게 온갖 욕을 얻어먹으면서도 걱정이 되어 어쩔 수 없이 내 나름대로는 잘 보살펴서 동네 사람들에게 칭찬을 많이 듣기도 했던 기억이 난다. 그리고 이 걱정은 비단 우리 가족뿐만 아니라 친척들에게도 마찬가지였다.

　특히 아버지 본가 쪽의 무네스케(또는 소우스케, 宗助)의 고모는 미신에 빠진 분이어서 "이 병은 이 집의 귀신 때문일지도 몰라. 굿이라도 하는 것이 좋겠다!"라고 권유했다.
　하지만 아버지는 미신을 싫어하는 탓으로 쉽게 받아 들이지 않았다. 그러던 중 아버지는 누나를 데리고 전지 요양 차 지금의 군마현 무로타(群馬縣 室田) 라는 곳을 방문했다. 이 무로타에는 유명한 큰 폭포가 있었는데 병든 사람에게 그 폭포 물줄기를 맞게 하면 효험이 있다는 것이었다. 그리고 아버지가 떠난 후, 뒤에 남은 어머니가 고모에게 설득당해 아버지가 없는 동안, 집에 있다는 귀신을 쫓아내기 위해 '도오카 미코우(遠加美講)[3]'라는 조직에서 도사를 불러 굿을 올리게 되었다. 나도 아버지와 마찬가지로 어려서부터 미신을 매우 싫어했기 때문에 그때 극구 반대했다. 그러나 아직 열다섯 살밖에 되지 않은 소년의 슬픔일지, 고모의 꾸지람 한 마디에 내 주장은 받아들여지지 않고 말았다.

그래서 세 명의 도사가 와서 굿 준비를 시작했다. 나카자(中座: 중좌)라는 역할을 할 사람이 필요해서, 최근에 고용한 가정부에게 맡기기로 했다. 방안에는 금줄을 치고 신장대 같은 것을 세우고 엄숙하게 보이도록 장식을 했다.

중좌(中座)역의 가정부는 눈가리개를 한 채 신장대를 들고 정좌하고 있었다.

그 앞에서 도사는 여러 가지 주문을 외웠고, 그 자리에 모인 도우카미코우(遠加美講)신자들도 함께 '도우까미(遠講)' 라는 경전 같은 것을 큰소리로 외쳐댔다. 중좌에 앉은 여성은 처음에는 잠든 것 같았지만 어느새 신장대를 흔들고 있었다. 이 모습을 본 도사는 즉시 중좌의 눈가리개를 벗기고 그 앞에 엎드려 절을 했다. "어떤 신이 오셨던 것인가요? 신이 전한 말씀을 들려주십시오! 이 집의 병자에게 어떤 귀신이 붙어 있습니까? 알려 주십시오!"라고 부탁했다.

그러자 중좌역의 가정부가 엄숙한 표정으로 말했다. "이 집에는 금(金)의 신⁴⁾과 우물의 신이 출몰하고 있어요. 또 이 집에는 연고 없이 죽은 귀신들이 있어서 재앙이 깃들게 되었습니다."라고 아주 거창하게 말하는 것이었다. 동네 사람들이 모여서 듣던 중에도 처음에 굿을 권유했던 소우스케 고모는 "어때?"하고 득의만면한 표정을 지었다.

"이것 봐! 신의 계시는 확실한 것이야. 그러고 보니 노인의 이야기에 따르면 언젠가 이 집에서 이세신궁(伊勢神宮)에 참배하러 갔다가 돌아오지 않은 사람이 있었다고 한다. 아마 도중에 병으로 죽었을 거라고 들었는데, 지금 예언에 나오는 무연고 귀신이라는 것은 분명히 이 이야기의 사람이 틀림없다. 역시 신은 무엇이든 다 밝혀주시는 분이군요. 정말 고맙습니다!"라며 기뻐했다.

그리고 이 액운을 없애려면 어찌하면 좋을지 중좌에게 물었다.

중좌는 "그 방법은 사당을 지어서 모셔드리면 됩니다."라고 대답했다. 나는 처음부터 이 일에 반대했기 때문에 드디어 굿을 하면서 뭔가 의심스러운 부분이 있지 않을까 싶어 시종일관 주의를 기울이고 있었다. 지금 무연고 귀신 이야기가 나왔으니 말이다.

"그 무연고 귀신이 나온 것은 대략 몇 년 전쯤 일까요? 사당이나 비석을 세우려면 그 시대가 언제인지 모르면 곤란하잖아요?" 그러자 도사가 중좌에게 다시 물어보았다. 중좌는 "대략 오륙십 년 전입니다."고 답했다.

그래서 내가 다시 물어보았다. "오륙십 년 전이라면 그 당시 연호가 무엇이었습니까?" 그러자 중좌는 "텐포(天保) 3년(1832년) 경입니다."라고 대답했다.

그러나 텐포 3년(1832년)은 지금으로부터 23년 전 일이다, 그래서 나는 도사를 향해

"방금 말씀하신 대로 무연고 귀신이 있었다는 것까지 명확하게 꿰뚫어 보는 신이 연호를 모를 리가 없지 않습니까? 이런 실수가 있는 것 같으면, 신앙이고 뭐고 아무것도 할 수 없는 것과 마찬가지입니다. 사람이 알 수 없는 것을 꿰뚫어 볼 수 있는 신이라면 연호 정도는 쉽게 알 수 있을 것입니다. 그런데도 이리 알기 쉬운 연호조차 틀린다면 신(神)이라기보다 하잘것없는 존재인 것이 아닐까요?"라고 날카로운 질문의 화살을 날렸다.

무네스케 고모가 옆에서 끼어들었다. "그런 말을 하면 신벌이 내린다!"라는 말 한마디로 내 주장을 가로막았다. 그러나 이것은 당연한 이치이고 누구나 할 수 있는 이야기였기 때문에 자연히 그 자리에 모인 동네 사람들도 흥미롭게 도사의 얼굴을 쳐다보았다. 도사 역시 잠시 당황한 모습을 보였다.

"이건 분명 구미호가 와서 변신한 탓이겠지."하고 발뺌을 했다. 그래서 여우 탓이라면 사당을 세우거나 제사를 지낼 필요가 전혀 없다며 아무것도 하지 말고 그만두기로 했다. 그러자 도사는 내 얼굴을 노려보며 속으로 "참 못된 녀석이다."고 욕을 퍼붓는 듯했다. 나는 승리한 듯 회심의 미소를 멈출 수가 없었다. 그 후로 무네스케 고모도 사당을 세운다든지 하는 일을 그만두었다.

마을 사람들은 이 이야기를 듣고는 그 후로 도사 같은 사람을 마을에 들여보내지 않고 미신은 타파해야 한다는 각오를 다지게 되었다고 한다.

진정한 문명

'문명'과 '야만'이라는 단어는 서로 비교하면서 만들어졌다. 그렇다면 어떠한 현상을 야만이라 하고 어떤 현상을 문명이라고 할 수 있을까?

그 경계선을 긋는 것은 매우 어려운 일이지만 서로 비교가 되는 문제이기 때문에 더 발전된 문명 쪽에서 보면 어떤 문명은 야만이 될 수밖에 없을 것이다. 동시에 어떤 야만도 그보다 더 심한 야만과 비교해보면 문명이라고 할 수도 있을 것이다.

그러나 이제 이 문제를 논함에 있어서는 이런 추상적인 이론이 아니라 현실에 존재하는 것을 예로 들어보고자 한다. 다만 한 마을이나 한 도시만 비교해도 문명의 정도는 달라질 수 있는 것이다. 그래서 한 국가라는 단위를 기준으로 '문명'과 '야만'에 대해 생각해 보고자 한다.

나는 세계 각국의 역사나 현황을 자세히 조사해서 알고 있는 것은 아니기 때문에 정확한 이야기를 할 수는 없다. 하지만 영국이나 프랑스, 독일, 미국 같은 나라들은 현세의 문명국이라고 해도 무방할 것이다.

그렇다면 그 문명국이란 무엇인가 하면, 우선 국가의 체제가 명확히 되어 있고, 제도가 잘 정립되어 있다. 여기에다 하나의 국가로서 필요한 시설이 잘 갖추어져 있고, 법도 완비되어 있으며 교육제도도 빈틈없이 이루어져 있는 것이다.

그러나 이렇게 여러 가지 정치의 틀이 제대로 갖추어져 있다고 해도 아직 문명국이라고 할 수는 없다. 틀이 갖춰지면 그 위에 한 국가를 유지하고 발전시킬 수 있는 실력을 갖춰야 한다. 실력이라고 하면, 아무래도 군사력이란 의미가 강하게 풍기지만 그 외에도 경찰 제도나 지방자치 조직들도 모두 그 힘의 일부분이다.

이러한 요소들이 충분히 갖추어져 있으면서도 각각이 균형 있게 조화를 이루고 통합되어 어느 한쪽의 비중이 너무 높거나 결속의 부족함 같은 것이 없는 상태, 그것이 바로 '문명'이다.

다시 말해, 그 나라의 틀이 아무리 잘 갖추어져 있더라도 그것을 운용하는 사람의 지식과 능력이 뒷받침되지 않으면 진정한 문명국이라고 할 수 없다.

다만 앞서 말했듯이, 틀이 완벽하게 갖추어진 나라인데 그것을 운용하는 국민의 수준이 지금 첫발을 내디딘 수준이라는 것은 흔치 않은 이야기다.

그러나 때로는 겉으로만 보면 완벽해 보이지만, 속이 아직 굳어지지 않은 예도 있을 것이다. 아무리 남의 흉내를 내어도 실력이 뒷받침되지 않으면 의미가 없듯이 아무리 멋진 옷을 입어도 그 사람의 인격에 걸맞지 않는 예도 있을 것이다. 그래서 참된 운명이란 모든 틀이 제대로 갖추어지고 그 위에 일반 국민의 인격과 지혜, 능력이 갖추어졌을 때만 비로소 참된 '문명'이라고 할 수 있는 것이다.

이렇게 생각해 보면, 굳이 빈부라는 말을 꺼내지 않더라도 '문명' 속에는 당연히 경제력이 포함된 것이라고 봐야 한다. 그러나 겉모습과 실력이 반드시 일치하는 것은 아니다. 겉모습은 문명으로 보이지만 실력은 미약하다면 이는 매우 균형이 맞지 않는 표현이지만 이런 사례가 없다고는 할 수 없다. 그러므로 진정한 문명은 힘과 경제적 풍요로움을 겸비해야 한다.

그렇다면 한 나라의 발전은 일반적으로 어떤 경향을 보이는 것일까? 예로부터 각국의 실례를 살펴보면, 체제의 발전이 먼저 이루어지고 실력이 뒤에 따라오는 경우가 대부분이다.

특히 나라에 따라서는 군사력이 먼저 두드러지고 실력이 뒤따라 오는 경우가 많은 것 같다. 특히 나라에 따라서는 군사력이 먼저 두드러지고 경제적인 풍요로움은 뒤처지는 것이 흔한 사례이다. 일본의 현 상황 역시 이런 모습이라고 할 수 있다.

일본의 체제는 천황제라는 다른 나라에는 없는 특징을 가지고 있고, 또한 국가의 틀에 있어서는 메이지 유신 이후 훌륭한 정치가들이 착실하게 정비해 왔기 때문에 체제의 틀에 있어서도 더없이 완벽한 상태라고 생각한다.

그러나 그에 따른 경제적 풍요로움을 갖추고 있느냐 하면, 안타깝게도 아직은 미숙한 상태이다. 경제적 풍요의 근간이 되는 실업의 육성은 단기간에 만족할 만한 성과를 낼 수 있는 것이 아니다. 따라서 국가의 체제나 제도 등의 정비 상황에 비해 경제적 풍요는 매우 부족한 실정이다.

  그러나 단순히 경제적 풍요만 갖추면 되는 것이라면, 일본은 작은 나라지만 국민이 일치단결하여 노력하면 여러 가지 방법이 나올 것이다.

  그러나 경제적 풍요를 실현하기 전에 먼저 국가의 정비를 위해 돈을 써야 하는 현실이 있다.

  '문명'을 발전시키기 위해 경제적 풍요를 희생해야 한다는 것은 오늘날의 큰 문제임이 틀림없다. 국가라는 것은 경제적 풍요만 있으면 되는 것이 아니라 '문명'의 진보를 위해, 그리고 국가의 미래 발전을 도모하기 위해 육·해군의 군사력을 가져야 한다. 내정에도, 외교에도 다양한 국비를 지출해야 할 필요가 있다. 따라서 국가의 틀을 만들기 위해서는 재원에 다소의 손실을 감수할 수밖에 없는 것이다. 그러나 그것도 균형을 잃으면 문명이 빈약해진다. 만약 문명이 빈약해지면 아무리 국가의 체제와 제도를 정비해도 모두 속이 텅 비게 된다. 그리하여 이윽고 '문명'이었던 것도 '야만'으로 변질할 것이다.

  이렇게 생각하면 문명을 '진정한 문명'으로 끌어올리기 위해서는 경제적 풍요와 힘, 이 두 가지의 균형을 잘 맞추는 것이 필수 불가결한 요소가 된다.

  오늘날 일본에서 가장 우려되는 것은 문명을 발전시키는 데만 급급하여 경제적 풍요로움의 근간을 깎아 먹어도 아랑곳하지 않는 부정적인 측면이다.

  앞으로는 국민이 일치단결하여 그 균형을 잃지 않도록 노력해

▶ 남작(男爵)을 받을 때의 모습(1900년 5월)

야 한다고 생각한다.

각주

(1) 1809~1882. '자연도태'와 '적자생존'이라는 개념을 바탕으로 진화론을 주장한 생물학자
(2) 중국 원나라의 곽거경(郭居敬)의 원작으로 알려진 24명의 효자를 다룬 교훈서. 에도시대에는 서당 등에서 가르쳤으며 만담의 소재가 되기도 했다.
(3) 이노우에 마사카네(井上正鐵: 1790~1849) 가 창시한 신도(神道)의 유파
(4) 방위를 관장하는 신

칼럼 1

헌정 정치

　헌정 정치란 헌법에 근거해 국민의 권리와 자유를 규정하고 의회를 설치해 국민을 정치에 참여시키는 정치 체제를 의미한다. 부르주아지의 부상과 함께 유럽을 중심으로 강력한 왕권을 제한하는 형태로 발전했으며, 19세기 말까지 유럽 대부분의 국가에서 헌정 정치가 실현되었다.

　이 지식은 1820년대 일본에 전파되었으며, 막부 말의 대외 위기 속에서 왕정복고와 함께 입헌정치에 대한 기대가 높아졌다. 메이지 유신을 거쳐 1972년(메이지 5년)경부터 정부 내에서 공선 의회 설립안이 검토되기 시작했으며, 이어 민간 자유민권파의 국회 설립 운동도 시작되었다. 유럽과 미국 열강과 어깨를 나란히 하는 강국 건설을 목표로 입헌 정치 실현 움직임이 가속화했다. 1889년 정부 주도의 대일본제국 헌법 공포, 1890년 제국 의회 개설을 통해 일본은 아시아에서 유일한 입헌 국가가 되었다.

　대일본제국 헌법은 의회를 중시하는 영국식 대신 프로이센식의 군권주의(군주의 권리를 중시)를 채택했지만, 제1차 세계대전 후에는 의회 중심의 정치 운영이 입헌 정치의 상도(헌정의 상도)로 정착되었다. 제2차 세계대전 중 군부의 부상으로 입헌 정치는 위기에 처했지만, 패전 후 1947년(쇼와 22년) 일본국 헌법이 시행되면서 의회제 민주주의가 더욱 고도로 부활했다.

06

제6장 ǀ 인격과 수양

인격의 기준이란 무엇인가?
니노미야 손토쿠(二宮尊德)와 사이고 다카모리(西鄕隆盛)
자신을 연마하는 것에 대한 오해를 반박한다
실제로 유효한 인격 양성법

인격의 기준이란
무엇인가?

　사람은 '만물의 영장', 즉 만물 중에서 가장 진화된 생명체라는 것은 누구나 스스로들 믿고 있는 부분이다. 그렇다면 사람과 사람 사이에는 아무런 차이가 없어야 하는데 세상 수많은 사람을 보면 "위를 봐도 끝이 없고 아래를 봐도 끝이 없다."고 말하고 있다. 실제로 우리가 사귀는 사람들은 위로는 왕과 귀족, 아래로는 시정잡배에 이르기까지 그 차이가 매우 크다.

　한 고을이나 마을을 봐도 이미 큰 차이가 있고, 한 현(縣)이나 지방을 보면 그 차이는 더욱 크고, 이를 한 나라 단위에서 보면 그 차이는 끝을 알 수 없을 정도다.

　사람이 이미 그 영특함이나 지위의 높고 낮음에 있어서 이런 차이가 있다면 그 사람의 가치를 평가하기도 쉬운 일이 아니다. 더군다나 평가를 위한 정확한 기준을 제시하기란 더더욱 어렵다.

　그러나 사람이 동물 중에서 가장 진보된 존재임을 인정한다면, 사람과 동물 사이에는 우선 우열을 가르는 무언가가 있을 것이다. 또한 "사람은 관 뚜껑을 닫은 후에야 비로소 그 가치가 정해진다.

(사람은 죽은 후에야 그 사람의 평가가 결정된다)[1]"는 말이 있다. 이런 옛말에서 보더라도 사람과 사람 간의 차이를 평가하는 기준도 반드시 어딘가에 있을 터이다.

우선 사람을 보고 "모두 다 똑같다."라고 하는 말에는 일리가 있다.

반대로 사람마다 다 다르다."라고 하는 말도 그 논거를 가지고 있는 것이다. '따라서 사람의 진가를 정하는 데도 이 두 가지 논리를 연구하여 적절한 결정을 내려야 한다. 그래서 매우 어려운 것이다.

그러나 이런 기준을 세우기 전에 어떤 자를 사람이라고 할 것인가를 먼저 정해야 할 것 같다. 그러나 이 역시 꽤 곤란한 문제이다.

"사람과 동물은 어디가 어떻게 다른가?"하는 문제도 예전에는 쉽게 설명할 수 있었을지 모르지만, 학문의 발전에 따라 그런 단순한 것조차도 점차 복잡한 설명이 필요하게 되었다.

옛날 유럽의 한 왕이 인류가 본래 가지고 있는 언어가 어떤 것인지 알고 싶어, 두 아기를 한 방에 격리해 놓고 인간의 말을 전혀 듣지 못하게 하고 아무런 교육도 하지 않았다. 그리고 다 자란 후에 꺼내 보았더니 두 아이 모두 인간다운 언어를 전혀 구사하지 못하고 그저 동물과 같은 불분명한 소리를 낼 뿐이었다고 한다.

사실 여부는 알 수 없지만, 인간과 동물의 차이는 극히 미미하다는 것을 이 이야기로도 알 수 있다. 머리가 하나, 팔다리가 두 개씩 있고 사람의 형상을 하고 있다고 해서 우리는 그것을 바로 사람이라고 단언할 수는 없다.

사람이 동물과 다른 점은 도덕을 몸에 익히고 지혜를 연마하고 세상을 위해 이바지할 수 있다는 데 있다. 그래야만 비로소 진정한 사람으로 인정받을 수 있는 것이다.

한마디로 요약하면 다음과 같다. "동물 중에서 가장 진보된 증거로서의 능력을 갖춘 자만이 사람의 진정한 가치를 지닌다."라고 말하고 싶은 것이다. 따라서 사람의 진가를 가늠하는 기준도 이런 의미에서 논하고자 한다.

예로부터 역사상 인물 중에서 도대체 누가 사람으로서 가치 있는 삶을 살았던 것일까? 고대 중국 주(周)나라 시대에는 문왕(文王)과 무왕(武王)[2]이라는 부자가 세상에 나와 무도한 은(殷)나라 왕을 징벌하고 천하를 통일하여 도덕에 입각한 정치를 했다. 그 결과 문왕과 무왕은 후세에 모두 도덕성이 높은 성왕으로 평가받고 있다. 이렇게 보면 문왕과 무왕 같은 사람은 명예와 부, 지위를 모두 얻은 사람이라고 할 수 있을 것이다.

그렇다면 이 문왕과 무왕, 주공(周公, 무왕의 동생)이라는 세 명의 위인과 이들과 나란히 비견되는 공자를 비교해보면 어떨까? 당연히 성인으로 추앙받고 있으며, 그의 제자였던 안회(顔回)[3]와 증자(曾子), 자사(子思)[4], 맹자(孟子) 등도 성인에 버금가는 '사배(四配)'로 불린다. 그러나 이들은 훌륭한 정치를 실현하기 위해 천하를 떠돌며 정론을 설파하면서 평생을 바쳤음에도 불구하고 전국시대에 단 하나의 소국도 손에 넣지 못했다.

물론 그렇다고 해도 덕목 면에서는 문왕이나 무왕에게 뒤지지 않고 그 이름도 높이 평가받고 있다. 하지만 부와 지위라는 측면에서 물질적으로 평가한다면 이는 하늘과 땅만큼의 차가 있어 비교조차 할 수 없을 정도다.

즉, 부를 기준으로 사람의 진가를 논한다면 공자는 분명 낙오자에 불과하다. 하지만 공자는 과연 자신을 낙오자라고 생각했을까? 무왕, 무왕, 주공, 공자 모두 자신의 분수에 만족하며 나름대로 일생을 마친 것이라 한다면, 부(富)만을 기준으로 사람의 진가를 가늠하고 공자를 낙오자로 보는 것이 과연 적절한 평가일까? 이 점에서 사람을 평가하는 것이 얼마나 어렵고 힘든 일인지 알아야 한다.

그 사람이 무엇을 실천하고 있는지를 보고, 그 동기를 관철하고, 그 결과가 사회와 사람들의 마음에 어떤 영향을 미쳤는지를 생각하지 않고서는 사람에 대한 평가는 불가능한 일이다.

대체로 사람을 평가하고 우열을 논하는 것은 세상 사람들이 즐겨하는 일이지만 진실을 제대로 파악하는 것이 얼마나 어려운 일인지는 여러 사례를 통해 잘 살펴볼 수 있다. 사람의 진가라는 것은 쉽게 판단할 수 있는 것이 아니다.

진정으로 사람을 평가하고자 한다면, 그의 부와 지위, 명예의 바탕이 된 "성공인가 실패인가?"라는 결과는 차치하고 그 사람이 사회를 위해 헌신하고자 했던 정신과 그 성과에 따라 이루어져야 할 것이다.

니노미야 손토쿠(二宮尊德)와
사이고 다카모리(西鄕隆盛)

　이노우에 카오루(井上馨, 1836~1915) 후작이 총책임자가 되고. 그 밑에서 나와 무쯔 무네미츠(陸奧宗光)[5], 요시카와 아키마사(芳川顯正)[6], 그리고 메이지 5년(1872)에 영국에 일본 국채 매입을 요청하러 간 요시다 기요나리(吉田淸成, 1845~1891)[7] 등이 재정 개혁에 매진하던 메이지 4년(1871) 무렵이었다.

　어느 날 저녁, 당시 내가 살고 있던 칸다 칸다사루가쿠초(神田猿樂) 정의 허름한 집에 사이고 다카모리(西鄕隆盛)[8] 공이 갑자기 찾아왔다. 당시 사이고는 참의(參議)[9]라는 직책으로 정부에서 가장 높은 지위에 있었다. 나 같은 오쿠라 다이죠(大藏省 大丞:3등관, 지금의 재무부장 격)[10] 이라는 낮은 관직의 하급 관리를 일부러 찾아온다는 것은 보통 사람이 쉽게 할 수 없는 일이라 나는 두려움에 완전히 얼어버렸었다.

　그의 용건은 소마 한(相馬藩,[11] 지금의 후쿠시마 현에 있던 지명)의 '흥국안민법(興國安民法)'에 관한 일 때문이었다.

　이 '흥국안민법'이란 니노미야 손도쿠(二宮尊德)[12] 선생이 소마 한의 초빙을 받았을 때, 고안하여 남긴 것으로서 소마 한 번영의 기반이 된 재정과 산업에 대한 방책이다. 이노우에 카오루(井上馨, 1835~1915)와 우리가 재정 개혁을 할 때 니노미야 선생이 남긴 흥국안민법의 폐지에 대한 논의가 있었다.

이 소식을 들은 소마 한에서는 한의 존속 문제가 달린 중대한 일이라며 도미타 구스케(富田久助)와 시가 나오미치(志賀直道, 유명한 소설가 시가 나오야(志賀直哉)의 할아버지) 두 사람을 일부러 도쿄로 불러들였다.

두 사람은 참의인 사이고 다카모리를 만나서 "어떤 재정 개혁을 하든지 간에 부디 소마 한의 흥국안민법만은 폐지하지 말아 주십시오."라고 부탁했다.

사이고는 그 부탁을 받아들였다. 그러나 이 이야기를 정부의 고위 관료인 오쿠보 토시미츠(大久保利通, 1830~1878)나 오쿠마 시게노부(大隈重信, 1838~1922)에게 가져가도 우선 들어줄 것 같지 않았다. 더구나 이노우에 카오루에게 이야기하면 이노우에는 그 성격 탓에 도저히 받아주지 않고 처음부터 매정하게 거절당할 것이 뻔했다. 그래서 나를 설득하면 혹시 폐지하지 않고 계속할 수 있을지도 모른다고 생각한 것 같았다.

도미타와 시가, 두 사람에게 "한번 해보자."라고 했던 말을 무겁게 여기고 일부러 하급자인 나의 허름한 집으로 찾아온 것이다.

사이고는 나에게, "이러저러한 여러 가지 사정이 있기 때문에 모처럼의 좋은 법을 폐지하는 것도 아까워서 에이이치의 재량으로 이 법이 계속 유지 될 수 있도록 소마 한을 위해 힘을 보태줄 수 없겠는가?"라고 물어 왔다. 그래서 나는 사이고에게 "그렇다면 당신께선 니노미야 선생의 흥국안민법이 어떤 법인지 알고 계십니까?"하고 물어보았다. 그러자 그는 전혀 모른다고 했다. 전혀 모르는 것을 폐지하지 말아 달라고 부탁하는 것도 이해가 가지 않는 이야기다. 하지만 모른다면 할 수 없는 일이니 내가 사이고에게 직접 설명해주기로 했다. 그 무렵 나는 이미 '흥국안민법'에 대해 충분히 조사해 둔 상태였다.

니노미야 선생은 소마 한의 초대를 받아 우선 지난 180년 동안의 세세한 한(藩)의 수입 통계를 작성했다. 그리고 180년을 60년씩 세 개의 기간으로 나누어 각각 천(天), 지(地), 인(人)이라고 이름 붙였다. 그 세 기간을 비교하여 딱 중간 중도의 평균 수입액이 되는 시기를 한의 평균수입으로 삼았다.

그리고 이번에는 90년을 둘로 나누어 건(乾)과 곤(坤)으로 명명하고, 두 시기를 비교하여 평균수입이 적은 시기의 액수를 소마 한이 지출해도 되는 기준액으로 삼았다. 이 금액 내에서 한이 지출할 수 있는 모든 비용을 충당한다. 만약 그 해의 한(藩) 수입이 이 지출예상액보다 좋으면 자연적으로 수입이 늘어나는 것이다. 이 잉여금이 생기면 그 돈으로 황무지를 개간하고, 그렇게 만들어진 새로운 논과 밭을 개간한 당사자에게 주기로 한 것이다. 이것이 소마 한의 흥국안민법이었다.

사이고는 내가 이렇게 흥국안민법에 대해 자세하게 설명해주는 것을 듣자 이렇게 답했다. "그것은 수입을 파악하여 지출을 결정한다는 옛 가르침에도 부합하는 것으로 아주 좋은 일이지 않은가. 그렇다면 굳이 폐지하지 않아도 되지 않겠는가?"

나는 지금이야말로 평소에 생각했던 재정에 대한 의견을 말할 좋은 기회라고 생각했다. "확실히 말씀하신 대로입니다. 니노미야 선생이 남긴 흥국안민법을 폐지하지 않고 계속 시행한다면 그것으로 소마 한은 잘 유지될 것이고, 앞으로도 더욱 번영할 것입니다. 하지만 지금은 국가를 위해 필요한 흥국안민법을 고민하는 것이 소마 한의 흥국안민법을 어떻게 할 것인가를 고민하는 것보다 우선이 아닐까요? 참의님께서는 소마 한에 관련된 흥국안민법은 중요하기 때문에 폐지하지 않았으면 좋겠다고 말씀하고 계십니다. 하지만 국가를 위해 필요한 흥국안민법에 대해서는 그대로 내버려 두어도 좋다고 생각하시는 건가요?

한 나라를 두 어깨에 짊어지고 국정을 지휘하는 막중한 임무를 맡고 계신 분이 국가의 극히 일부분에 불과한 소마 한의 흥국안민법을 위해 노력하시면서도 국가의 흥국안민법에 대해서는 어떻게 할 것인지에 관한 생각이 없다는 것은 이해할 수 없습니다. 본말이 전도된 것도 너무하지 않나 생각됩니다."라고 열변을 토해냈다.

이에 사이고는 아무 말도 하지 않고 조용히 나의 허름한 집을 나와 돌아갔다. 어쨌든 메이지 유신의 호걸 중에서 모르는 것은 모른다고 솔직하게 말하고 전혀 꾸밈이 없는 인물이 사이고 다카모리였다. 진심으로 존경하는 바이다.

자신의 연마는
이론으로 하는 게 아니다

 '수양' 즉, 자신을 갈고닦는 것은 어디까지 계속하면 좋을까? 이것은 끝이 없는 일이다. 그러나 이때 주의해야 할 것은 자칫하면 머릿속으로만 자신을 연마한다고 하기 쉬운 것이다. 연마는 이론이 아니라 실제로 해야 할 일이다. 그래서 어디까지나 현실과 밀접한 관계를 유지하며 연마해 나가야 한다. 나는 여기서 이 '현실과 학문의 조화'에 대해 특별히 언급해 두고 싶다.
 첫째, 이론과 현실이라는 것은 서로 함께 성장하지 않으면 국가의 진정한 발전으로 이어지지 않는다. 아무리 한쪽이 성장해도 다른 한쪽이 함께 성장하지 않으면 그 나라는 세계 강대국들 사이에서 경쟁해 나갈 수 없게 된다. 현실만 안다고 해서 충분하다고 할 수도 없고, 그렇다고 학문의 이론만 익혀서 사회에 뛰어들 수 있는 것도 아니다.
 이 두 가지가 잘 조화되어 하나가 될 때 비로소 나라로 말하면 문명이 열리고 발전할 수 있으며, 사람으로 말하면 완전한 인격을 갖춘 사람이 되는 것이다.
 이에 대한 증거는 많지만, 중국의 학문에서 찾아보면 다음과 같은 예가 있다.

　공자나 맹자와 같은 사상가를 그 원천으로 하는 유교는 중국에서도 가장 존중되는 학문으로, 이를 '경학(經學)'- 시대를 관통하는 학문이라든가, '실학(實學)'- 실용적인 학문이라든가 하는 식으로 읽는다. 시인이나 소설가들이 즐겨 농(弄)하는 문학과는 전혀 별개의 것으로 여겨졌다.

　유교를 가장 잘 연구하고 발전시킨 사람이 중국 송나라 말기에 활약한 주자(朱子)라는 유학자였다. 그는 매우 박학다식했고 열정적으로 이 학문을 전파하고자 했다. 그런데 주자가 활동하던 당시 중국의 정세는 어떠했냐 하면, 송나라 말기에는 정치도 어지럽고 병력도 쇠해 실용적인 학문이 전혀 효과를 발휘하지 못하고 있었다.

　즉, 학문은 매우 발달했지만, 현실 정치는 혼란스러웠다. 학문과 현실의 분열이 일어나고 있었던 것이다. 결국 본 고장인 중국에서의 유교는 송나라에서 매우 번성했음에도 불구하고 이를 채택한 효과는 실제로 나타나지 않았다.

　그러나 일본에서는 머리만 있고 영혼이 없는 송나라의 유교를 이용해 오히려 실용적인 성과를 거두었다. 이를 잘 활용한 것이 도쿠가와 이에야스였다.

　겐키(元龜)나 텐쇼우(天正) 라고 불리던 소란(騷亂)시대(1750~1792) 일본은 "천하가 스물여덟 개로 갈라졌다."라고 불릴 정도로 나라 전체가 극심한 혼란에 빠져 있었다.

　이때 제후들은 모두 무력을 사용할 생각만 하고 있었다.

　그 속에서 이에야스는 매우 넓은 시야를 가지고 무력만으로는

제6장 | 인격과 수양 • 135

천하에 평화를 가져올 수 없다는 것을 깨달았다. 그래서 문화적인 면에도 마음을 쏟았으며 중국에서는 이론에만 치우쳐 머리만 큰 존재였던 주자의 유학을 받아들였다.

처음에는 후지와라 세이카(藤原惺窩)[13]라는 학자를 초빙했고, 이어 하야시 라잔(林羅山)[14]이라는 학자를 영입해 학문을 현실에 응용하기 위해 노력했다. 이론과 현실을 조화시키고 접근시킨 것이다. 실제로 이에야스의 유훈 중 하나로 널리 알려진 이런 구절이 있다.

"사람의 일생은 무거운 짐을 짊어지고 먼 길을 걸어가는 것과 같으니 서두르지 말라, 편안치 않은 것을 당연하게 여긴다면 부족한 것이 없다. 마음에 욕망이 싹틀 것 같으면 자신이 고통스러웠던 때를 떠올려 볼 일이다. 인내하는 것만이 무사히 오래 살 수 있는 기본이다, 노여움은 자기 자신에 대한 적(敵)이라고 생각해야 한다, 이기는 것만 알고 모양 좋게 지는 방법을 모른다면, 그 폐해는 결국 자신에게 돌아온다, 자신을 탓하고 남을 탓하지 말라. 부족한 것이 지나친 것보다는 차라리 더 낫다."

잘 생각해 보면 내용 자체는 모두 유교에서 따온 것이고, 그 대부분은 『논어』의 명언에서 인용한 것이다. 당시 전란으로 지치고 뒤틀어진 백성들의 마음을 달래며 도쿠가와 막부가 300년 동안 지속될 수 있는 토대를 만든 것은 아마도 학문의 활용, 즉 현실과 이론을 조화롭게 융합한 결과가 아니었을까 생각한다.

그런데 이렇게 이에야스가 주자의 유교를 받아들여 현실에 잘 적용했지만, 에도 중기의 겐로쿠(元祿)와 교호(亨保) 시대에 이르러서는 차례로 다양한 학파가 생겨나면서 머리만 쓰는 이론들이 난무하게 되었다.

　유명한 유교 학자는 많지만, 이론과 현실을 융합한 인물은 드물다. 쿠마자와 반잔(熊沢 蕃山, 1619~1691)[15], 노나카 겐잔(野中兼山, 1614~1664)[16], 아라이 하쿠세키(新井白石, 1657~1725)[17], 카이바라 에키켄(貝原 益軒, 1630~1714)[18] 등 몇 명에 불과하다. 도쿠가와 막부가 말기에 이르러 기운이 쇠하게 된 것도 역시 이 조화를 잃어버린 결과가 아닐까 싶다.

　이상은 옛날에 있었던 사례이지만, 오늘날에도 양자의 조화와 불협화음이 사물의 쇠퇴를 보여주는 것으로 이어지는 것은 여러분도 잘 알고 있을 것이다. 세계의 2류 국가나 3류 국가를 보면 그것은 분명하고, 지금의 일류 국가 중에도 이 균형을 잃어 가는 듯한 국가도 있는 것 같다.

　그렇다면 일본은 어떠냐 하면, 아직 충분히 조화를 이루고 있다고는 절대 말할 수 없다, 오히려 자칫하면 분열하려는 경향마저 보인다. 이런 점을 생각하면 국가의 미래가 걱정스러워진다.

　그러므로 자신을 연마하려는 사람은 이 점을 잘 명심하기를 바란다. 결코 극단으로 치닫지 않으며, 중용을 잃지 않고 항상 온화한 뜻을 품고 나아갈 수 있기를 진심으로 바란다. 다시 말해 현대에서 자신을 닦는다는 것은 현실 속에서 노력과 근면으로 지혜와 도덕을 완벽하게 성취해 나가는 것이다. 즉, 정신적인 단련에 힘을 쏟으면서 지식과 식견을 갈고닦는 것이다. 게다가 그것은 자기 한 사람만을 위한 것이 아니라 한 마을, 한 도시 나아가 국가의 번영에 이바지하는 것이어야 한다.

자신을 연마하는 것에 대한
오해를 반박하다

 '수양', 즉 자신을 갈고닦는다는 것에 대해 나는 어떤 사람으로부터 공박을 받은 적이 있다. 그 내용은 크게 두 가지 의미로 나뉘었다.
 첫 번째는, "자신을 가꾸는 것은 그 사람의 '자기다움'을 손상시키기 때문에 좋지 않다."라는 것이었다.
 다른 하나는 "자신을 연마하면 오히려 그 사람의 마음을 위축시킨다."라는 것이었다. 나와는 다른 이러한 견해에 대해 반론을 제기한 내용을 여기에 서술해 보고자 한다.
 먼저, "자신을 가꾸는 것은 그 사람다움의 성장을 방해하기 때문에 좋지 않다."라는 것은 자신을 닦는 것과 자신을 꾸미는 것을 혼동하고 있는 게 아닌가 싶다.
 자신을 닦는다는 것은, 자신의 마음을 갈고 닦고 성장시키는 것이다. 말하자면 연습 연구 극기 안내 등의 단어가 의미하는 내용을 모두 포함하며, 이상적인 인물이나 훌륭한 인간에 가까워지도록 조금씩 노력하는 것을 의미한다.
 그래서 자신을 닦았다고 해서 '자기다움'이 훼손되는 일은 없다. 사람이 진정으로 자기 연마에 노력했다면, 하루하루 실수를 고쳐나가며 좋은 방향으로 나아가고 이상적인 인물에 가까워질 수 있다.

만약 자신을 다듬었기 때문에 '자기다움'이나 '있는 그대로의 자신'이 훼손된다고 하면, 이상적인 인물이나 훌륭한 인물은 사람이 온전히 성장한 모습이 아닐 것이다. 그럴 리가 없지 않은가. 자신을 다듬었기에 겉으로만 훌륭해지거나, 반대로 망가져 버렸다면, 그것은 잘못된 자기 연마이며 우리가 늘 입버릇처럼 말하는 자기 연마와는 별개의 것이다.

물론 '자기다움'이나 '있는 그대로의 자신'이야말로 사람의 가장 빛나는 부분이라는 것에는 나도 동의하는 바이다.

하지만 사람의 기쁨, 분노, 슬픔. 즐거움, 사랑, 미움, 욕망 등 '있는 그대로의' 감정의 움직임이 어떤 경우에도 문제가 없는 것이라고 할 수는 없을 것이다.

이상적인 인물이나 훌륭한 인물은 이렇듯 다양한 감정이 움직일 때조차도 분별이 있는 법이다. 따라서 자신을 가다듬었다고 해서 마음이 위축되어 '자기다움'이나 '있는 그대로의 자신'이 손상을 입었다고 보는 것은 큰 오산이라고 할 수 있다.

또한 자신을 가꾸면 남의 마음을 위축시킨다는 것은 '예의나 분별, 경의를 보이는 요소를 무시한 어리석은 생각에서 비롯된 것으로 생각한다. 부모나 연장자를 공경하고, 양심적이고 신뢰감이 있고 사회의 기본적인 도덕성을 갖추는 것 등은 모두 자신을 평소에

▶ 일본국제아동친선회를 만들어 미국의 인형과 일본의 인형을 교환하고 있는 모습 (1927년 경)

갈고 닦는 데서 얻어지는 것이다. 어리석고 어수룩한 마음으로는 결코 얻을 수 있는 것이 아니다.

고전 『대학』에 이런 말이 있다.

'격물치지(格物致知) ― 사물의 이치를 연구하여 지식을 명확히 한다.'라는 가르침과 왕양명(王陽明)[19)]이라는 사상가가 설파한바 '치양지(致良知) ― 마음의 본질인 올바른 지식을 실현한다.'라는 생각은 모두 자신을 갈고닦는 것을 의미한다.

자기 연마는 진흙 인형을 만드는 것과는 다르다. 자신의 마음을 바로잡아 영혼의 빛을 발산하는 것이다. 자신을 닦으면 닦을수록 그 사람은 어떤 일을 판단할 때 선과 악을 분명히 알 수 있게 된다, 그래서 선택이 갈림길에서 헤매거나 하지 않고 아주 자연스럽게 결정을 내릴 수 있게 되는 것이다.

자신을 갈고닦음으로써 사람을 주눅 들게 하거나 어리석게 만든다는 것은 큰 오해의 소지가 있는 것으로서 자신의 연마는 사람의 지혜를 키우는 데도 필요한 일이다.

물론, 그렇다고 해서 자신을 연마하는 데 있어 지혜와 지식을 중시하지 않아도 된다는 것은 아니다. 다만 지금의 교육은 지혜와 지식의 습득에만 치우쳐 정신력을 단련할 기회가 태부족하다. 그래서 이를 보완하기 위해 자기 연마가 필요한 것이다.

자신을 연마하는 것과 학문을 닦는 것이 서로 융합될 수 없다고 생각하는 것은 큰 오해일 뿐이다.

아마도 자신을 갈고닦는다는 것에는 넓은 의미가 있을 것이다. 정신도, 지혜와 지식도, 몸과 행실도 모두 향상되도록 단련하는 것이다. 이것은 청년도, 노인도 다 같이 수행해야 한다. 이것이 좌절하지 않고 잘 이어진다면, 마침내 이상적인 인물의 경지에 도달할 수 있을 것이다.

이상은 내가 두 가지 반대 의견, 즉 자기 연마 따위는 필요 없다는 사람에 대해 반박한 내용이지만, 젊은이 여러분도 반드시 이러한 사고방식을 갖고 한껏 자신을 연마해가기를 간절히 바라는 바이다.

실제로 유효한
인격 양성법

현대의 청년들이 지금 가장 절실히 필요로 하는 것은 인격을 닦는 것이다.

메이지 유신 이전까지만 해도 사회에서의 도덕 교육은 비교적 활발하게 이루어졌다. 그러나 서구 문물을 수입하면서 사상계에 적지 않은 변혁의 물결이 일어났고, 오늘날에는 도덕이 심하게 혼란스러운 시대 상황이 되어버렸다.

오늘날 유교는 낡은 것으로 치부되어 버렸기에 현대 젊은이들에게 충분히 이해되지 못하고 있다. 그렇다고 기독교가 일반 도덕의 규범으로 된 것은 더더욱 아니다. 또한 메이지 시대 이후 새로운 도덕이 생겨난 것도 아니다.

그래서 사상계는 완전히 혼란스러운 상태였고, 국민은 무엇을 믿어야 할지 판단에 어려움을 겪을 정도였다. 이 때문에 일반 청년들도 인격을 닦는 것을 다 잊어버린 듯하다. 이는 매우 우려스러운 경향이다. 세계 강대국들이 모두 종교를 가지고 도덕적 규범을 정립하고 있는 데, 비해 유독 일본만 이런 꼴이라면 대국의 국민으로서 매우 부끄러운 일이 아닌가.

예를 들어 사회 현상을 보자. 사람들은 종종 이기주의, 즉 나만 좋으면 된다는 생각에 빠져 사익을 위해서라면 어떤 일이든 참아내는 경향을 보이기 시작했다. 요즘은 국가를 부강하게 하려는 노력보다 자신을 부유하게 하는 데 더 비중을 두려고 할 정도다. 물론 자신의 재화가 풍성해지는 것이 중요하다는 것은 두말할 나위도 없다.

▶ 일본 제국의회 의사록,(1890년)

『논어』에, "안회(顔回)는 우러러볼 만한 자이다. 먹는 것이라곤 밥 한 그릇에 국 한 그릇, 사는 데라곤 뒷골목의 허름한 집이다. 보통 사람 같으면 가난하다고 비명을 지를 법도 한데 저 녀석은 전혀 신경 쓰는 구석이 없다. 정말 저 친구는 대단한 놈이야!"라는 구절이 나오는데, 이런 안회 식의 가치관을 최고의 가치로 삼으라는 뜻은 아니다.

공자가 "안회는 우러러볼 만한 놈이다!"라며 청빈 생활에 만족하는 그를 칭찬한 말은 "무엇이 모두를 위한 것인지 생각하지 않고 부유하고 높은 지위에 있다는 것은 나에게는 뜬구름과 같은 것이다."라는 말의 이면을 언급한 것일 뿐, 부귀영화 자체를 깎아내린 것은 아니다.

하지만 자신만 부자가 되면 바랄 게 없다며 국가와 사회를 염두에 두지 않는 것은 정말 한탄할 일이다.

이야기가 재화의 풍요 쪽으로 흘러갔지만, 어찌 됐든 사회에 사는 사람들의 마음이 자기 이익 중심의 방향으로 흘러가게 된 것은, 아마도 세상 사람들이 일반적으로 인격을 닦는 것을 잃어버렸기 때문이 아닐까?

만약 국민이 의지해야 할 도덕적 규범이 확립되고 사람들이 이를 믿고 사회 속에서 자립했다고 가정해보자. 그러면 인격은 저절로 연마될 것이다.

그 결과 사회가 자신의 이익만 추구하면 좋다는 식의 풍조 일변도로 흐를 일도 없을 것이다. 그래서 나는 청년들에게 오로지 인격을 닦으라고 권하는 것이다. 청년은 성실하고 솔직하며, 게다가 활력이 온몸에 가득차 그것이 밖으로까지 넘쳐흐르고 있다. 그런 힘을 살려 어떤 위협이나 압력에도 굴하지 않는 인격을 양성하고, 결국 자신을 경제적으로 풍요롭게 하는 동시에 국가의 힘과 국부(國富)를 키우도록 노력해야 한다. 믿을 대상이 정해지지 않은 지금의 사회에서 살아가야 하는 청년들은 위험이 많은 만큼 자신도 신중하게 행동해야 한다.

그런데 인격을 닦는 방법이나 그에 관한 연구는 여러 가지가 있다. 불교에서 신앙을 찾는 것도 좋고, 기독교에서 신념을 끌어내는 것도 한 방법일 것이다.

나는 청년 시절부터 유교를 지향해 왔다. 그 시조인 공자나 맹자 같은 사상가들은 나에게 있어 평생의 스승이다. 그래서 그들이 거듭 설파한 바 있는,

'충(忠) - 국가를 사랑하는 마음이 진실함'

'신(信) - 행동에 신의가 있음'

'효제(孝悌) - 부모·형제와 어른을 공경하는 것'

등을 중시하는 것은 매우 권위 있는 인격 양성법이라고 믿는다.

요컨대 충신효제(忠信孝悌)를 중시하는 것은 "인(仁) - 즉, 사물을 건강하게 가꾸는 것"이라는 최고의 도덕을 익히는, 그리고 사회를 살아가는 데 있어서 하루도 빠질 수 없는 조건인 것이다.

이 '충신효제'를 자신 연마의 기준으로 삼게 된다면, 한 걸음 더 나아가 스스로 지혜와 능력을 발전시켜 나가기 위해 노력해야 한다, 지혜와 능력의 발전이 미흡하면 사회에서 어떤 일을 하려고 할 때, 온전한 형태로 해 낼 수가 없게 될 것이다. 그러면 '충신효제' 조차도 제대로 실천하기는 힘들다. 왜냐하면, 지혜와 능력이 제대로 발달하여 있어야 비로소 사물에 대해 옳고 그름을 판단할 수 있고, 삶을 풍요롭게 할 수 있기 때문이다.

그 결과, 충신효제와 같은 근본적인 가르침과 일치하는 형태로

세상을 살아가는 데 있어 큰 실수나 실패 없이 성공한 사람으로 삶을 완성할 수 있게 된다.

성공이란 인생의 마지막에 꼭 성취하고 싶은 것으로, 요즈음엔 이를 두고 여러 가지로 논한다. 그중에는 "목적을 이루기 위해서는 수단과 방법을 가리지 않는다."라는 식으로 성공의 의미를 오해하는 사람들도 있다.

심지어 어떤 수단을 써서라도 부자가 되고 높은 지위를 얻으면 그것이 성공이라고 믿는 사람들도 있는데, 나는 이런 생각을 결코 인정할 수 없다.

훌륭한 인격을 바탕으로 정의를 행하고 올바른 삶의 길을 걸어서 그 결과로 얻은 부와 지위가 아니라면 결코 완전한 성공이라고는 할 수 없는 것이다.

각주

(1) 출처는 당나라 시인 두보의 시 군자견간소혜(君子見簡蘇惠)에 나오는 '장부는 관 뚜껑을 덮고 나서야 비로소 결정되는 법이다.'라는 인용 구절이다.
(2) 주(周) 왕조(기원전 1080년~256년)의 초석을 다진 이는 아버지 문왕(文王)이며, 실제로 은나라를 무너뜨리고 주나라를 창건한 이는 武王이다. 동생인 주공(周公)은 주공단(周公旦)이라고도 불리며, 주나라의 문화 제도를 만들어 공자가 가장 존경했던 인물이다.
(3) 기원전 514~483년. 자(字)는 연(淵), 안연(顏淵)이라고도 한다. 공자가 학문의 후계자로 기대했던 제자이나 대성하기 전에 요절했다.
(4) 기원전 483~402년. 본명은 공급(孔伋). 자는 자사(子思). 공자의 손자로서 그의 학문을 계승했다.
(5) 1844~1897. 막부 말기에는 사카모토 료마(坂本龍馬)와 함께 활동했으며, 유신 후에는 외무대신으로서 해외와의 불평등 조약을 철폐시킨 것으로 유명하다.
(6) 1842~1920. 문부, 사법, 내무대신 등을 역임한 메이지 정부의 중신, 고쿠가쿠인(國學院) 대학 총장도 역임했다.

(7) 1842~1891. 외교관으로서 불평등 조약의 철폐 등에 전력을 다했다.
(8) 1828~1877. 사쯔마(薩摩)의 군사 책임자로서 메이지 유신의 주역이 된다. 그러나 신정부에서 의견대립 등으로 물러나 서남전쟁에서 자결한다. 영화 〈라스트 사무라이〉의 모델.
(9) 메이지 정부 초기의 중신으로 입법, 사법, 행정을 총괄했다.
(10) 대장성에서 네 번째에 해당하는 지위
(11) 현재의 후쿠시마현 동부에 있었다.
(12) 1787~1856. 통칭 킨지로(金次郞), 독학으로 학문을 익혀 전국의 피폐한 농촌 6백여 곳을 재건했다.
(13) 1561~1619. 전국시대부터 에도시대 초기에 활약했던 유학자.
(14) 1583~1657. 주자학을 공부하고 후지와라 세이카(藤原惺窩)의 제자가 되어 그의 추천으로 도쿠가와 가문을 섬기게 된다. 5대 장군 츠나요시(강길) 시대에 그의 후손인 하야 시(林) 가(家)에서 대대로 막부의 유관을 맡았다.
(15) 1619~1691. 양명학을 신봉하고 오카야마 번을 섬기며 토목정책과 농업정책에서 업적을 남겼다.
(16) 1615~1663. 주자학자이며 도사코지(土佐高地) 번의 가로(家老)로 치수 및 농업정책에서 업적을 남겼다.
(17) 1657~1725. 이름은 군미(君美), 호는 하쿠세키(白石). 1704년 막부에 들어가 중책을 역임. 유교에 입각한 그의 정치는 '正德의 정치'로 칭송받았다.
(18) 1630~1714. 주자학을 익힌 유학자로 약초 등을 연구하는 본초학을 일본에 개척한 것으로 유명하다.
(19) 1472~1529. 이름은 수인(수인), 호는 양명(양명)이다. "지행합일(知行合一), 심즉리(心卽理)를 핵심으로 하는 양명학을 창시했다.

07

제7장 | 주판과 권리

인(仁)을 실천함에 있어서는 스승에게도 양보하지 않는다
텐도(天道)- '배려의 길'을 걸어갈 뿐이다
경쟁의 선의와 악의
합리적인 경영

인(仁)을
실천함에 있어서는
스승에게도 양보하지 않는다

    세상에는 "논어의 사고방식에는 권리 사상이 빠져 있다. 이 사상이 없으면 문명국의 완전한 가르침이라고 하기엔 부족한 점이 적지 않다."라고 주장하는 사람이 있다. 그러나 이것은 그렇게 말하는 사람의 오류라고 해야 한다.

    물론 공자의 가르침이 표면만을 훑어보면, 권리 사상이 없어 보일지도 모르겠다. 또한 기독교를 중심으로 한 유럽 사상에 비하면 아무래도 권리 사상이 약하다고 생각할 수도 있다. 그러나 이런 말을 하는 사람은 아직 공자를 제대로 이해한 사람이 아니라고 생각한다.

    예수나 석가는 처음부터 종교인으로서 세상에 나온 사람이었다. 그러나 공자는 그들과 다르다. 공자는 종교를 업고 사회에 참여하려고 했던 사람이 아닌 것 같다. 예수나 석가와는 출발부터 그 배경이 다른 것이다.

    특히 공자가 살았던 시대의 중국은 어쨌든 의무를 우선시하고 권리를 나중에 찾는 풍조가 있었다. 이런 분위기 속에서 성장한 공자를 끄집어내어 2천년이 지난 오늘에 와서 사상적 배경이 전혀 다른 예수와 비교하는 것은 무리다. 그렇게 비교하면 안 되는 것을 비교하는 것이 아닐까? 그렇다면 논의 자체가 처음부터 그 근본을 잘못 짚고 있는 것인 셈인데 예수와 공자의 가르침에 차이가 생기는 것은 어쩌면 당연한 귀결이 될 수밖에 없다.

한편, 공자의 가르침에는 권리 사상이 전혀 들어 있지 않은 것일까? 지금부터 필자가 생각하는 바를 들어 세상의 오해를 풀어보고자 한다.

논어의 가르침은 자신을 제어하는 것이 주안점이며, "사람은 이래야 한다!"든지 "이렇게 되고 싶다."와 같이 비교적 소극적으로 사람의 도를 설파한 것이다.

그리고 이 가르침을 넓게 펼치면 마침내 천하에 두각을 나타낼 수 있다는 것이다. 그러나 공자의 진의를 추론해보면, 공자는 종교의 형태로 사람들을 가르치기 위한 이론을 세울 생각은 하지 않았던 것 같다. 그러나 오해의 소지가 없도록 말해두자면 공자 역시 사람을 가르쳐 깨우치게 하려는 생각이 전혀 없었던 것은 아니다. 만약 공자가 정치를 했다면, 올바른 정치를 하여 나라를 부강하게 하고, 백성들을 안심시키고 도덕에 의한 통치를 만족할 만큼 널리 퍼뜨리려고 했을 것이다.

다시 말해 공자는 처음에는 한 명의 정치가였다. 그러나 정치가로 활동하기 전에 문하생들로부터 다양한 질문을 받고 거기 답해 나갔다. 문하생이라고는 해도 다양한 배경을 가진 사람들의 모임이었기 때문에, 자연히 그 질문은 정치, 도덕, 문학 예절 등 다양한 장르에 걸쳐 있었다.

이렇게 공자와 문하생의 문답을 정리한 것이 결국 『논어』 20편이 된 것이다.

또한 공자는 『시경(詩經)』[1]을 정리하고, 『서경(書經)』[2]에 주석을 달고 『역경(易經)』[3]을 편찬해 『춘추(春秋)』[4]를 만들었다는 이야기가 전해지는데, 이는 공자가 말년에 이르러서의 일이다. 작가 후쿠치 오우치(福地櫻痴, 1841~1906)[5]가 지적했듯이, 공자는 68세 이후 5년 동안 학문과 그 학설의 전파에 전념한 것으로 보인다.

공자는 권리라는 개념이 희박한 사회에서 자랐고 게다가 타인을 지도하는 종교인으로 활동한 것이 아니다. 그래서 그 가르침에 권리의 개념이 명확하게 드러나지 않은 것은 어쩔 수 없는 일일 것이다.

반면, 예수는 이와는 반대로 권리 사상이 넘치는 가르침을 세웠다. 원래 유대나 이집트 등의 나라들은 예언자의 말을 믿는 풍토가 있었기 때문에 이에 물든 사람들도 많았다. 예수의 조상이 아브라함부터 예수에 이르는 2천년 동안 모세, 요한 등 수많은 예언자가 나왔다.

그리고 "성왕이 나와서 세상을 다스린다!"든가 "임금님처럼 이 세상을 이끌어 가 주실 신이 나올 것이다."라는 등의 좋은 소식을 남겼다. 이런 시대에 예수가 탄생한 것이다.

당시 왕은 "자신을 대신해 세상을 다스릴 자가 태어날 것이다."

라는 예언자의 말을 믿고는 인근 동네 아이들을 모두 죽이게 했다. 그리스도는 어머니 마리아를 따라 타지로 떠났기에 재난을 면했다. 기독교는 이처럼 몽상적 색채가 강한 시대에 탄생한 종교이기에 그 가르침이 명령적이고 권리 사상도 강했다.

그러나 기독교가 가르치는 '사랑'과 논어의 가르침인 '인(仁)'은 거의 일치하는 개념이 아닌가 싶다. 다만 거기에도 '내가 하는 것'과 '남이 시켜서 하는 것'의 차이가 있다.

예를 들어 기독교의 경우, "내가 하고 싶어 하는 것을 남에게도 하라."고 가르치지만, 공자는 "자신이 원하지 않는 것은 남에게도 하지 말라."고 반대의 개념으로 설파하고 있다. 그래서 언뜻 보면 의무만 있고 권리라는 개념이 없는 것처럼 보이기도 하는 것이다. 그러나 "양, 극단은 서로 통한다."라는 속담이 있듯이 그리스도와 공자가 지향하는 것도 결국은 일치하는 것이 아닐까 한다.

나아가 나 자신은 종교나 그 교양으로서는 기독교가 더 좋을지 모르지만, 인간이 지켜야 할 도리로는 공자의 가르침 쪽이 더 좋다. 이것은 나만의 생각일 수도 있지만, 공자 쪽을 더 깊이 신뢰할 수 있는 이유의 하나로, 기적이라는 것이 하나도 없다는 점을 들 수 있다.

예수가 됐든 석가가 됐든 기적이 많다. 예수가 십자가에 못 박혀 죽은 지 사흘 만에 소생했다는 것은 분명 기적이 아닌가. 물론 예수는 뛰어난 인물이었으니 반드시 그런 일이 없었다고 단언할 수는 없을 것이다. 그것은 보통 사람의 지혜로는 헤아릴 수 없는 일이라고 해야 할 것이다.

그러나 이것을 믿는다면, 미신에 빠지게 되는 것은 아닐까? 이런 일들을 일일이 사실로 인정해 버리면 지혜는 완전히 흐려지고 결국 물 한 방울이 약품 이상의 효과를 나타내거나 접시 위에 뜸을 떠도 효과가 있다는 것을 인정해야 한다. 이런 것을 믿는 것의 폐해는 엄청난 것이다.

일본도 문명국으로 일컬어지면서도 흰옷을 입고 신에게 발원한다든가, 부동존(不動尊)에게 콩을 뿌리는 행사 같은 것들이 아직도 지속되고 있다. 이래 가지고야 미신의 나라라는 비판받아도 어쩔 수 없을 것이다, 그러나 공자에게는 이렇듯 멀리해야 할 미신 같은 게 하나도 없다. 이 점이야말로 내가 공자를 가장 돈독히 믿는 이유이며, 또한 여기에서 진정한 믿음도 생겨나는 것이 아닐까 생각한다.

마지막으로 『논어』에도 분명히 권리 사상이 포함되어 있다는 것은, 공자가 "인(仁)을 실천함에 있어서는 스승에게도 양보하지 않는다."라고 술회한 한 구절만 봐도 충분히 증명할 수 있다고 본다,

"옳은 도리로 나아간다면, 어디까지라도 자신의 주장을 관철시키면 된다."

"스승은 존경해야 할 사람이지만, 인에 대해서는 스승에게조차 양보할 필요가 없다."라는 내용 속에는 권리 사상이 넘치도록 담겨있는 것이 아닐까?

단지 이 한 구절뿐만 아니라 더 넓게 『논어』의 각 장으로 들어가 보면 이와 유사한 말을 얼마든지 찾아볼 수 있다.

텐도(天道)-
'배려의 길'을
걸어갈 뿐이다

사회문제나 노동문제 같은 것은 단순히 법의 힘만으로 해결될 수 있는 것이 아니다. 예를 들어 한 가정 안에서도 부자, 형제, 친척들까지 모두 자신의 권리와 의무를 주장하며 하나부터 열까지 법의 심판을 받으려고 한다면 어떻게 될까? 모든 사람의 감정이 험악해지고 사람과 사람 사이에 벽이 쌓여 사사건건 다툼이 일어나고, 가족이 화목하게 단결하는 것은 기대할 수 없게 될 것이다.

나는 부자와 가난한 사람과의 관계도 이와 같은 면이 있다고 생각한다. 자본가와 노동자 사이에는 원래 가족적인 관계가 성립되어 있었다. 그런데 이제는 법을 제정하여 법으로 이를 단속하려고 하고 있다.

이것은 일견 그럴듯한 생각일지 모르지만, 이를 시행한 결과가 과연 당국의 예상대로만 갈 수 있을까?

자본가와 노동자 사이에는 오랜 세월 동안 맺어온 일종의 애정 어린 분위기가 있었다. 그런데 법을 만들어 양측의 권리와 의무를 명확히 주장할 수 있도록 하면, 자연스레 모처럼 성립된 양측의 관계에 균열이 생기지 않을까?

그렇게 되면, 정부 측이 고생 고생한 보람도 없고 또 목적에도 어긋나는 일이 되고 말 것이다. 이 부분이 가장 깊이 연구해야 할 부분이 아닐까 싶다.

시험 삼아 내가 가진 한 가지 바람을 말해 본다면, 법의 재정은 물론 좋은 일이지만, 법이 있다고 해서 함부로 그 판단 만을 요구하지 말았으면 한다.

만약 부자도 가난한 사람과 함께 '배려의 길'을 선택하고, 그 '배려의 길'이야말로 사람의 행위를 가늠하는 잣대라고 생각하고 사회생활을 해나간다면, 백 개의 법이 있든, 한 줄로 그은 듯한 규칙이 있든, 그쪽이 더 낫다고 생각하는 바이다.

다시 말해, 자본가는 '배려의 도(道)'로 노동자를 대하고, 노동자 역시 그 '배려의 도'로 자본가를 대하며 양자가 관련된 사업의 손익은 애당초 노사 모두에게 공통된 것이라는 전제에 서 있다는 것을 깨달아야 한다.

서로서로 배려하는 도(道)를 계속 견지하려는 마음가짐이 있어야만, 진정한 조화를 이룰 수 있다. 실제로 양측이 이렇게 되면 권리와 의무라는 사고방식은 무의미하게 양측의 감정에 틈새를 만들 뿐, 거의 아무런 효과를 발휘하지 못한다고 해도 과언이 아닐 것이다.

필자가 예전에 유럽과 미국을 여행하면서 실제로 본 독일의 그룹[6]이나 미국 보스턴 근교에 있던 월섬[7]이라는 시계회사 등은 그 조직이 매우 가족적이고, 자본가와 노동자 사이에 화기애애한 분위기가 흐르고 있었다.

그것을 나는 놀라움과 찬사를 금할 수 없었던 적이 있다. 이것이 바로 내가 말하는 '도덕의 길을 걷는' 행위가 원숙해진 것이며, 그로 인해 다행스럽게도 법의 제정 따위를 무의미하게 만들어버리는 것이다. 그렇게만 될 수 있다면 노동문제에 신경 쓸 필요도 없지 않겠는가.

그러나 지금 사회에는 이런 점에 깊이 주의를 기울이려고도 하지 않고 빈부격차만을 무작정 없애버리려고 하는 사람들이 있다. 그러나 빈부격차는 정도의 차이는 있을지언정 어느 시대, 어느 세대에도 전혀 존재하지 않을 수는 없는 것이다.

물론, 모든 국민이 모두 부자가 되는 것이 바람직하지만 아무래도 사람마다 영리함과 능력의 차이가 있을 수밖에 없다. 누구나 다 일률적으로 부자가 된다는 것은 꽤 무리한 바람이다.

그래서 부를 분배하여 차이를 없애버리겠다는 것은 한낱 공상(空想)에 불과한 것이다.

요컨대 "부자가 있기 때문에 가난한 사람들이 생겨나는 것이다."라는 생각으로 세상 사람들이 모두 부자를 사회에서 몰아내버리려고 한다면 어떻게 국가에 부와 힘을 가져다줄 수 있겠는가. 개인의 풍요로움은 곧 국가의 풍요다.

개인이 부자가 되고 싶어 하지 않는데 어떻게 나라가 부강해질 수 있겠는가.

국가를 부강하게 하고 자신도 지위와 명예를 얻고 싶어 하므로 사람들은 밤낮으로 노력하는 것이다. 그 결과로서 빈부격차가 생긴다면, 그것은 자연의 추세이고 인간 사회의 피할 수 없는 숙명이라 생각하고 포기하는 것 이외 다른 방법이 없다.

그런데도 항상 빈자와 부자의 관계를 원만하게 하고 양자의 조화를 이루기 위해 노력하는 것은 사리를 아는 인간에게 부여된 영원한 의무이다.

그런데도 "자연의 추세이고 인간 사회의 숙명이니까?"라는 생각으로 흘러가는 대로 내버려 두면 결국은 돌이킬 수 없는 사태를 초래하게 되는 것도 자연의 추세다. 그래서 이런 재앙을 미리 방지할 수 있는 수단으로 반드시 '배려의 길(道)'이 더욱 활성화되기를 간절히 바라는 바이다.

경쟁의
선의와 악의

  이 글을 읽고 있는 수출무역 종사자, 즉 나와 같은 사업가의 처지에 있는 사람에게 '상업 도덕' 같은 말을 하면, 어쩌면 상업에만 도덕이 있는 것처럼 들릴 수도 있을 것이다. 그러나 도덕이란 세상 모든 사람이 걸어가야 할 길이기 때문에 단순히 상인만이 갖고 있으면 되는 것이 아니다.

  '상인의 도덕은 이렇다.'

  '무사의 도덕은 이렇다.'

  '정치인의 도덕은 이렇다.'라는 식으로- 관료의 제복이 금줄의 개수로 계급을 나타내는 것처럼- 따로따로 구분된 것도 아니다, 사람이 걸어가야 할 길이기 때문에 모든 사람이 지켜야 한다.

  공자의 가르침으로 말하자면, "친가 윗사람을 공경하는 것은 인(仁)이라는 최고의 도덕을 익히는 근본이다."라는 말과 같다.

  부모와 윗사람을 소중히 여기는 행위가 결국 사회의 기본 도덕으로 커져 나가고 양심과 배려로 성장한다. 이를 총칭하여 도덕이라고 부르게 된 것이다.

  여기서는 그런 넓은 의미에서 사람이 지켜야 할 도덕이 아니라 상거래에서, 특히 수출 상거래에서 주의해야 할 '경쟁의 도덕'에 대해 말하고 싶다.

나는 이 점을 여러분과 잘 논의하여 상거래의 결정을 도덕적으로 확고히 하고 싶은 마음이 간절하다. 애초에 무언가를 열심히 하기 위해서는 경쟁이라는 것이 필요하게 된다. 경쟁하기 때문에 격려도 생겨난다. 이른바 '경쟁'은 공부와 진보의 어머니이다.

그러나 '경쟁'에는 선의와 악의의 두 종류가 있는 것 같다. 좀 더 자세히 말하자면, 매일 아침 남들보다 일찍 일어나서 좋은 궁리를 하고, 지혜와 공부로서 남보다 앞서나가려고 하는 것은 바로 선의의 경쟁이다. 그러나 다른 한편으로, 남이 한 일이 평판이 좋다고 해서 이를 흉내 내어 가로채 가겠다고 생각하고 곁에서 남의 성과를 빼앗으려고 하는 것은 악의의 경쟁 이외 다름 아니다.

경쟁을 쉽게 선과 악으로 나눌 수도 있겠지만, 애초에 사업엔 여러 가지가 있고, 경쟁의 종류에도 여러 가지가 있다. 그중 본질적으로 선하지 않은 경쟁에 참여했을 경우, 상황에 따라서는 이익이 굴러 들어올 수도 있을 것이다.

하지만 대부분은 타인을 방해함으로써 결국엔 자신의 손실로 이어지기도 한다. 더 나아가 자신과 타인이라는 관계뿐만 아니라 그 폐해가 국가에까지 미칠 수도 있다.

"일본 상인은 곤란한 놈들이다."라고 외국인들에게까지 경멸받게 되면, 그 폐해는 매우 크다고 하지 않을 수 없다.

지금 이 자리에 모인 여러분은 물론 그런 일은 없을 것으로 생각하지만, 만일의 경우를 생각하며 여기서는 노파심에서 말씀드리는 것이다. 아무래도 세상에는 대체로 이런 폐해가 많다고들 한다. 특히 잡화 수출 등 상거래에서 나쁜 의미의 경쟁, 즉 도덕성이 모자란 행위가 남에게 피해를 주고 자신의 손실로도 이어져 국가의 품격까지 떨어뜨리고 있다.

상공인의 위상을 높이기 위해 서로 노력해 왔을 텐데, 웬일인지 그 반대로 낮아지고 있는 것이다.

그렇다면 어떤 경영을 하면 좋을까? 사실에 입각하지 않고서는 이런 것을 명확하게 말할 수 없겠지만, 나는 선의의 경쟁에 힘쓰고 악의적인 경쟁은 피하는 것이 좋다고 생각한다. 악의의 경쟁을 피한다는 것은 서로가 상도덕을 존중하겠다는 강한 의지를 갖는 것이다. 그리하면 아무리 장사에 열심히 임하더라도 악의적인 경쟁에 빠지는 일은 일어나지 않는다.

어느 선을 넘지 말아야 하는지는 '성경'을 읽거나 '논어'를 암송하지 않아도 반드시 알 수 있을 것이다. 원래 이 도덕이라는 것을 너무 어렵게 생각해서 동양의 도덕에서 흔히 볼 수 있듯이 격식을 갖춘 글자를 나열하면 도덕이 다도(茶道)의 의식과 같은 형식화에 빠지기 쉽게 된다.

일종의 구두선(口頭禪) 같은 구조로 전락하여 도덕을 설파하는 사람과 도덕을 실천하는 사람이 따로 놀게 되어버리고 만다. 이는 매우 보기 좋지 않은 상황이 아닌가.

애당초 도덕은 일상에 있어야 하는 것이고, 잠깐 시간을 약속하고 실수하지 않도록 하는 것이 도덕이다. 또한 남에게 양보해야 할 것은 적당히 양보하는 것도 도덕이다. 또 남에게 양보해야 할 것은 적당히 양보하는 것도 도덕이다.

또 어떤 때는 남보다 먼저 남에게 안심감을 주는 것이 도덕이다. 어떤 일을 할 때 약자를 돕는 마음을 가져야 하는 것도 도덕이다.

물론 물건을 조금 팔더라도 도덕은 그 안에 포함되어 있다. 그래서 도덕이라는 것은 아침부터 저녁까지 따라다니는 것이다.

그런데 우리는 도덕을 아주 어려운 것으로 여기고, 평소에는 도덕을 한구석으로 밀어두고 살면서, "자, 오늘부터 도덕을 실천하는 것이다." "지금 이 시간이 도덕 시간이다."라는 식으로 거창하게 하려고 하는 경우가 있다. 하지만 도덕은 그렇게 시간이 오래 걸리거나 어렵고 귀찮은 것이 아니다.

만약, 상공업에도 '경쟁의 도덕'이라는 것이 있다면, 여러 번 말해왔듯이 선의의 경쟁과 악의의 경쟁이라는 것을 생각해야 한다. 방해하여 남의 이익을 빼앗는 경쟁이라면 그것은 악의적인 경쟁이다. 반면, 물건을 철저하게 선별해 내기는 하지만 다른 사람의 이익을 빼앗는 행위는 하지 않는 것이 선의의 경쟁이다. 이 둘의 경계선은 어떤 사람이든 자신의 양심에 비추어보면 분명히 알 수 있다.

요약하자면, 어떤 일을 하든 간에 장사에는 끊임없는 자기 계발이 필요한 것이다. 또한 남을 배려하는 것도 계속해 가야 한다. 발전은 반드시 이루어내야 하지만, 동시에 악의적인 경쟁을 해서는 절대 안 된다는 것을 명심해야 한다.

합리적인 경영

　현대 실업계의 경향을 보면 가끔 악덕 경영자 같은 인물이 나와서 주주들이 맡긴 자산을 마치 자기 것인 양 착각하고 제 마음대로 운용하여 자신의 이익을 챙기려고 하는 사람이 있다. 그로 인해 회사 내부가 마치 복마전처럼, 공과 사를 가리지 않고 비밀스러운 행동이 빈번하게 이루어지게 된다. 이것은 실업계에 있어서는 정말 한탄스러운 현상이 아닐 수 없다.
　원래 상업은 정치와 비교하면 기밀 따위는 유지하지 않더라도 경영해갈 수 있는 것이 아닌가 싶다. 다만 은행에서는 사업의 특성상 어느 정도는 비밀을 지켜야 하는 부분이 있다.
　예를 들어 누구에게 얼마만큼의 대출이 되었는지, 그 대출에 어떤 근저당이 설정되어 있는지 등은 사회 도덕적으로 비밀로 해야 할 부분이다.

　또한 일반 상거래에서도 아무리 정직을 주된 덕목으로 해야 한다고는 하지만, 이 물건은 얼마에 샀고, 지금 이 가격에 팔아 이 정도의 이익이 남는다는 것을 굳이 세상에 공개할 필요는 없을 것이다.

요컨대 부당한 일만 하지 않는다면, 도덕적으로 반드시 온당치 못한 행위가 될 리는 없다고 생각한다. 그러나 이런 사례 외에는 있는 것은 없다고 하고, 없는 것을 있다고 하는 식의 단순한 거짓말을 하는 것은 절대 좋지 않다.

진실한 상거래에는 기본적으로는 기밀 같은 것은 없다고 봐도 무방하다. 그런데 실제로 사회를 보면 회사에 없어도 좋을 비밀이 있거나 있어선 안 될 곳에 사적인 행위가 있는 것은 어떤 이유 때문일까. 필자는 망설임 없이 이를 "임원으로서 적합한 인재가 없었기 때문"이라고 단정할 수 있다.

즉, 이런 재앙의 근원은 임원 자리에 적임자가 취임하게 되면 자연스럽게 사라져 버린다. 그러나 적임자를 적재적소에 배치하는 것은 결코 쉬운 일이 아니다, 지금도 임원으로서의 자질을 갖추지 못했음에도 불구하고 그 지위를 유지하고 있는 사람들이 적지 않다.

예를 들어, 단지 회사의 이사나 감사라는 이름을 사고 싶어서 여가나 심심풀이 수단으로 이름을 올리려는 '허영심을 위한 임원'이라고 불러도 좋은 무리가 있다. 그들의 얄팍한 사고방식은 경멸해야 할 일이지만, 그 자체가 큰 욕망은 아니기 때문에 그리 큰 죄악을 쌓아갈 염려는 없다.

그 외에 또 어떤 사람은 인품은 좋지만, 그 대신 사업 경영 능력이 없는 사람들도 있다. 그런 사람이 임원이 되면, 부하직원의 선악을 분별할 능력도 없고, 장부를 읽는 안목도 없다. 그로 인해 자신도 모르는 사이에 부하직원이 실수를 거듭하고, 자신이 지은 죄가 아니더라도 결과적으로 구제할 수 없는 곤경에 빠지게 되는 경우가 있다.

이는 전자에 비하면 죄질이 다소 무겁지만, 두 사람 모두 임원으로서 일부러 나쁜 짓을 한 것이 아닌 것은 분명하다.

이 두 사람 보다 한발 더 나아가 악에 빠져드는 사람이 있다. 그 회사를 이용해 자신의 출세를 위한 발판으로 삼거나 사리사욕을 위한 수단으로 삼으려는 생각으로 임원이 된 사람들이다. 이것은 도저히 용서할 수 없는 죄악이다. 게다가 이런 사람들은 이따위 수단을 쓰기도 한다. 주가를 끌어 올려놓지 않으면 불리하다며 실제로는 없는 이익을 있는 것처럼 꾸며 허위 배당을 한다,

또한 실제로 주식에 납입되지 않은 돈을 낸 것처럼 꾸며 주주들의 눈을 속이려 한다. 이러한 방식은 명백한 사기행위다.

그들의 악랄한 수단은 그 정도로는 그치지 않는다. 그 극단적인 예로는 회삿돈을 빼돌려 투기하거나 개인 사업에 사용하기도 한다. 이래서는 더 이상 도둑질과 다를 바 없다. 결국 이러한 악행은 직책을 맡은 사람이 도덕성을 갖추기 위해 노력하지 않았기 때문에 발생하는 폐해다. 만약 그 임원이 성심성의로 사업에 충실하다면 그런 실수는 저지르고 싶어도 일어나지 못할 일들이다.

나는 항상 사업의 경영을 담당하면서 그 일이 국가에 필요하고, 또 도리에 부합하는 말이어야 한다고 생각해 왔다. 아무리 작은 사업이고 자신의 이익이 적더라도 국가에 필요한 사업을 합리적으로 경영한다면, 마음은 항상 즐겁게 일할 수 있다. 그래서 나는 『논어』를 사업의 바이블로 삼고 공자가 가르친 길 밖으론 한 발자국도 벗어나지 않으려고 노력해 왔다.

그래서 나는 "한 개인이 이익이 되는 일보다 많은 사람과 사회 전체에 이익이 되는 일을 해야 한다."라는 생각을 사업하는 데 있어서의 견식으로 삼아왔다.

많은 사람과 사회 전체에 이익이 되기 위해서는 그 사업이 착실히 성장하고 번창할 수 있도록 항상 명심해야 한다.

후쿠자와 유키치(福澤諭吉, 1835~1901) 씨는 "책을 저술하더라도 많은 사람이 읽을 수 있는 책이 아니면 효율성이 떨어진다. 저자는 항상 자기 개인 일보다 국제사회를 이롭게 하겠다는 생각으로 붓을 잡아야 한다."라고 말한 것으로 기억한다.

실업의 사안들도 마찬가지다. 사회에 많은 이익을 주는 것이 아니라면 제대로 된 사업이라고 할 수 없다. 설령 한 개인만 부자가 되더라도 사회 다수가 그로 인해 빈곤에 빠지는 것 같은 사람이라면 어떨까? 아무리 그 사람이 부자가 되더라도 그 행복은 이어지지 않을 것이다, 그렇기 때문에 국가 다수의 풍요로움을 실현할 수 있는 방법이 아니면 안 되는 것이다.

각주

(1) 유교의 원전인 『오경(五經)』의 하나로 고대 가요집이다.
(2) 『오경』 중 하나, 전설적인 성군인 요(堯), 순(舜), 우(禹)부터 주(周)나라의 문왕, 무왕, 춘추시대 진나라 목공(穆公)에 이르는 위정자들과 그 보좌관들의 언행을 정리한 책이다.
(3) 『오경』 중 하나로 점술서로도 유명하다. 모든 사건을 64개의 괘로 나누어 설명하는 '경(經)'과 그 해석서인 '십익(十翼)'으로 구성되어 있다.
(4) 노나라의 사관이 쓴 편년체 사서, 기원전 722년부터 기원전 481년까지 기술되어 있다.

(5) 본명은 게이치로(源一郎, 1841~1906)이다. 대장성 서기관으로 이와쿠라 사절단을 수행했으며, 도쿄니치니치(東京日日新聞, 후에 마이니치 신문에 흡수)의 주필과 사장을 역임하고 가부키자(歌舞伎座)의 건설과 대본 집필 등에도 관여했다.
(6) 1811년 프리드리히 그룹이 설립된 이후, 일족이 철도, 무기 제조 등의 사업으로 재벌을 구축했다.
(7) 1850년 미국 보스턴 교외의 월섬에 설립된 시계회사

칼럼 2

'괴력란신을 말하지 않는다'와 조선

『논어』에 "자, 괴력란신을 말하지 않는다."라는 가르침이 있다. 괴는 신비로운 현상, 력은 무력이나 폭력, 란은 도덕이나 정의에 반하는 것, 신은 신령 등 신비로운 것을 의미한다. 자, 즉 공자는 이러한 것들을 입에 올리지 않았다는 의미다. 즉, 그들에게 현혹되거나 그런 일을 행하는 것을 경계한 것이다.

이와 같이 특정 측면에서 합리적인 것이 유교의 가르침이다. 그러나 '소중화'라고 불리며, 표면상 유교 일색의 사회로 보이는 이조 시대는 양반의 횡포가 만연하는 한편, 무종교를 표방하면서도 인간의 약함에서 비롯된 무엇인가에 의지하고 싶은 마음이 항상 존재했다. 따라서 남성 양반들은 아내나 어머니 등 여성들을 사찰이나 점쟁이(민간 종교, 무당)에게 보내는 경우가 많았다.

유교의 예의 중 중요한 하나였던 제사조차, 본래 유교의 의식이기 때문에 조상에게 소원을 빌거나 하는 것은 금지되어 있어야 하지만, 역시 인간의 약함 때문인지, 이번 손자의 입시에는 '보호를 부탁드린다'는 마음이 작용해버리는 것이다.

이처럼 한국인은 여전히 유교가 금지하는 '괴력난신' 중 특히 '괴'와 '신'에 빠져 있다.

시부사와는 유교의 합리적인 윤리를 실학으로 받아들여 경제와 회사 경영에 적용하려 했다. 시부사와에게 '괴력난신'은 절대 용납할 수 없는 것이었을 것이다.

일본인은 유교의 가르침이 조선보다 민중에 깊이 뿌리내리지 않았고, 주로 무사 계급에 뿌리내렸다. 그리고 당연히 일반 백성들이 '신에 의존한다'는 말로 상징되듯이, 신이나 부처에게 의존하는 것은 당연한 일이었다.

따라서 조선 민중의 다신교적 종교심은 일본인들도 이해할 수 있다.

08

제8장 | 실업과 무사도

무사도란 실업의 도의이다
모방의 시대에 작별을 고하자

무사도란
실업의 도의(道義)이다

　무사도에서 가장 중요한 부분은 아래와 같은 덕목을 충족시켜야 하는 것이다.
　'정의(正義) - 마음씨가 깨끗하고 올곧은 것'
　'염직(廉直) - 마음씨가 깨끗하고 올곧은 것'
　'의협(義俠) - 약자를 돕는 마음가짐'
　'감위(敢爲) - 곤경에도 꺾이지 않는 의지'
　'예양(禮讓) - 예의와 양보'

　한 마디로 무사도라고 해도 무사도가 갖는 도덕의 내용은 꽤 복잡하다.
　이 무사도에 관해 내가 가장 유감으로 생각하는 것이 있다. 그것은 무사도가 일본의 대표적인 강점이었음에도 예로부터 오직 무가 사회에서만 행해졌고 경제활동에 종사하는 상공업자들 간에는 중시되지 않았다는 점이다.
　옛날의 상공업자들은, 무사도를 매우 오해하여 '정의' '염직' '의협' '감위' '예양' 등을 중시만 해서는 상행위는 이루어질 수 없다고 생각하고 있었다.

"무사는 먹지 않아도 이쑤시개를 쓰며 배부른 체한다."라는 것 같은 행동거지는 상공업자들에게는 있어서는 안 되는 일이었다.

그러나 무사에게 무사도가 필요하듯이 상공업자에게도 상업도덕이 없다면 어쩔 것인가? 상공업자에게 도덕이 필요 없다고 하는 것은 실로 말도 안 되는 오류였다.

일반적으로 봉건시대에 있어서 무사도와 경제활동이란 서로 융합할 수 없는 것이라는 식으로 해석됐다. 이렇듯, 사회정의를 위한 도덕과 경제활동의 결실인 부(富)가 나란히 설 수 없는 것이라면, 유학자들이 믿어왔던 것과 같은 오류 이외 다름 아니다. 이 둘이 결코 서로 등을 지는 관계에 있는 것은 아니라는 사실은 오늘날 여러분들은 익히 잘 알고 있으리라고 본다.

공자는 이런 말을 했다.

"인간이기 때문에 누구나 부와 지위가 있는 생활을 얻고 싶으리라고 본다. 그러나 성실한 삶으로 손에 넣은 것이 아니라면 거기에 매달릴 일이 아니다.

반대로 빈한한 생활은 누구라도 싫어하는 것이다. 그러나 성실한 생활을 해서 그렇게 된 게 아니라면 무리하게 거기서 벗어나려고 해서도 안 된다."

이는 실로, 무사도의 가장 중요한 덕목인 '정의' '염직' '의협' 등에 딱 들어맞는 해답이 아닐까 한다.

"현자는 아무리 빈한한 처지에 빠져서도 자신의 길(道)을 벗어나지 않는다."

이러한 공자의 가르침은 마치 무사가 전장에서 적에게 절대 뒤를 보이지 않겠다고 각오를 다지는 것과 전혀 다르지 않다.

또한, "성실한 생활을 하며 손에 넣은 것이 아니라면 거기 매달릴 일이 아니다."라는 말은 옛 무사가 올바른 무사도에 맞지 않는 것에는 전혀 손을 대지 않으려고 했던 다짐과 궤를 같이하는 것이라 해도 좋다.

원래 지위나 풍요는 성인이나 현인이라 해도 바라마지 않는 것이고, 반대로 가난함이나 비천함은 절대 바라지 않는 것이다, 이는 우리 보통 사람과 전혀 다르지 않다. 단지 그들은 사람으로서 가야 할 길과 도덕을 근본으로 하고 경제력이나 지위는 말단 지엽적인 것으로 생각했다. 그런데 과거의 상공업자들은 이 같은 사고방식에 반하여 경제력이나 사회적 지위를 근본으로 삼고 사람으로 해야 할 도리나 사회도덕을 지엽적인 것으로 치부해버렸다. 이는 뭘 잘못 인식한 것도 너무 나가버린 것이 아닌가?

되풀이하는 말 같지만, 이 무사도는 학자나 무사라는 처지에 있는 사람만의 전유물이 아니다. 문명국에 있어서 상공업자들이 걸어야 할 길도 거기 포함되어 있다. 유럽의 상공업자는 상호 간 개인적으로 맺은 약속을 존중하고, 손해나 이익이 있다 하더라도 일단 약속한 이상, 반드시 그를 실행하고 약속을 깨뜨리지 않는다. 이는 그들의 강고한 도덕심에 포함되는 '정의'나 '염직'이란 사고방식이 실제 생활에 그대로 실천된 결과이다.

그러나 일본의 상공업자는 아직 과거의 관습에서 벗어나지 못하고 자칫하면 도덕적 사고방식을 무시하고 한때의 이익에 매달리고 마는 경향이 있다.

이래서는 안 되는 것이다. 유럽인들도 항상 일본사람의 이 같은 결점을 비난하며 상거래에 있어서 일본인을 완전히 신용하려고는 하지 않는다. 이것은 우리 일본 상공업자들에게 있어 커다란 손실일 수밖에 없다. 대개 사람으로서 그러한 삶의 본질을 망각하고 성실하지 못한 행위로 사리사욕을 채우려 하거나, 권세에 빌붙어 출세해 보려고 하는 것은 사람으로서 걸어가야 할 길을 무시해버리는 것에 불과하다. 그래서는 권세나 지위도 오래 유지할 수 없다.

만일 사회에서 입신양명을 꾀한다면, 어떠한 직업에서도 신분 같은 것은 신경 쓰지 말고 마지막까지 자력으로 관철해 내어야 한다. 게다가 사람으로 해야 할 도리에서 조금이라도 벗어나지 않도록 신경을 집중해야 할 일이다. 그러면서 자신의 힘으로 부를 쌓고 힘을 비축하기 위한 지혜를 구사해 가는 것이야말로. 진정으로 인간의 뜻 있는 생활, 가치 있는 생활이라고 할 수 있을 것이다.

이제 무사도는 실업가의 도라고 바꿔 말하는 것이 좋을 때이다. 일본인은 어디 까지나 '야마토 타마시(大和魂, 일본혼)'를 계승한 무사도로 세상을 살아가야 하는 것이다.

그것이 상업이든 공업이든 간에 그 같은 마음가짐을 자신의 것으로 갖게 된다면, 전쟁에 있어서 일본이 항상 세계에서 우수한 지위를 점하는 것처럼, 상공업에서도 또한 세계에 그 실행력을 다 투어 나갈 수 있을 것이다.

모방의 시대에
작별을 고하자

　세상 물정을 아는 사람들이 입버릇처럼 말하듯 일본 국민의 사고방식 중에는 당장 그만두어야 할 악습이 있다. 그것은 외국 제품에 쉽게 빠지는 습관이다. 외국 제품을 무작정 배제할 필요가 없듯이, 외국 제품에 편중된 나머지 국산품은 못 쓴다고 여길 이유 또한 없는 것이다.

　그러나 수입품이라고 하면 모두 뛰어난 제품들뿐이라고 믿어버리는 사고방식이 국민에게 깊이 스며들고 있는 것은 정말로 한탄스럽다.

　일본의 문명이 가장 발달한 것은 최근의 일로서, 게다가 유럽 제국을 모델로 한 부분이 매우 많은 것이 사실이다. 그로 인해 일찍이 유럽의 문물을 그대로 흉내 내는 풍조의 유행에 빠졌고, 지금도 그 폐해가 꼬리를 이어 수입품만을 애호하는 추세가 이어지고 있는 것 같다.

　그러나 지금은 메이지 유신 때로부터 어느덧 반세기가 지나가고 있다. 게다가 동양의 맹주나 세계 1등 국가라고 자부하고 있는 일본에서 언제까지 유럽에 심취된 꿈을 꾸고 있을 것인가. 언제까지 자국 경멸이라는 무분별한 견식을 지속해갈 것인가. 실로 무기력하기 짝이 없는 이야기다.

"외국 제품 상표가 붙어 있으니, 이 비누는 좋은 것이다." 라든가, "외국에서 만든 술이니까 이 위스키를 마시지 않으면 시대에 뒤처진 인간 취급받게 될 것이다."라는 등, 마치 겁을 주듯이 밀어붙여서는 독립국으로서의 권위와 대국 국민의 기량 같은 것을 어찌 유지해 갈 수 있을 것인가.

나는 국민에게 마음에서 우러나오는 큰 각성을 바란다. 우리는 지금 이 자리에서부터 유럽에 심취해온 시대에 작별을 고하고, 모방의 시대를 벗어나 스스로 창조하고 만족하는 수준으로 올라서야 한다.

유무상통(有無相通) - 즉, 있는 것과 없는 것을 서로 융통해주는 것이 경제 원칙의 하나로 알려져 있다. 나는 여기서 무작정 외국을 배제하자는 등의 선전을 하고 싶은 게 아니다. 뭔가를 손에 넣는다면 또 뭔가를 잃게 된다는 것은 세상 이치의 하나이다.

지난해, 천왕이 국민에게 내린 무신조서(戊申詔書, 1908년 러일전쟁후 국민들에게 지키자는 지침)가, 듣는 사람에 따라서는 매우 비합리적으로, "일본 국내에만 틀어박혀 있다."라는 식으로 잘못 받아들여져서 정부 담당자가 그 진의를 파악하는 데 골치를 썩인 일도 있다.

내가 말하고 있는 바 국산품 장려의 선전도 이처럼 "일본 국내에만 틀어박혀만 있다."라는 식으로 받아들여져서는 이 회의 발

기인 분들에게 폐를 끼치게 될 뿐 아니라 국가적으로도 손실을 초래하게 될 우려가 다분하다.

있는 것과 없는 것을 서로 융합시킨다고 함은 수천 년 전부터 익히 알려져 온 경제상의 원칙으로서, 이 대원칙에 반해서는 경제의 발전 같은 구상을 할 수 없다.

이를 도(縣) 단위에서 생각해 보기로 하자. 사도(佐渡)에서는 금을 생산하고 에치고(越後, 지금의 니가타 현, 新潟縣)에서는 쌀이 생산된다. 국가 단위에서 말하면, 대만(당시는 일본령)에서는 사탕, 일본의 관동지방에서는 생사(生絲, 명주실)가 생산되고 있다. 나아가 국제적으로 확대해 보면, 미국의 밀, 인도의 면화와 같이 각각의 토지에 따라 생산물이 달라진다.

이런 관계를 생각해 보면, 우리는 미국의 밀가루를 먹고, 인도의 면화를 수입하고, 역으로 일본은 생사나 면사를 수출해야 할 것이다, 그러므로 우리는 일본 사정에 적합한 물건을 만들고 적합하지 않은 물건은 사들인다고 하는 기본 틀을 벗어나지 않도록 특히 주의해 나가야 한다.

09

제9장 | 교육과 정의

효도는 강요하는 것이 아니다
현대 교육으로 얻은 것, 잃은 것
이론보다 실천
인력 과잉의 가장 큰 원인

효도는
강요하는 것이 아니다

『논어』의 '위정(爲政)편'에 이런 말이 있다.

맹무백(孟武伯)이라는 귀족이 공자에게 효의 덕목에 대해 물었다. 공자는 이렇게 대답했다. "아버지와 어머니의 몸에 병이 없는지 걱정하라."

요즘 효도라는 것은 생활에 불편함을 주지 않는 것을 말하는 것 같다. 하지만 그것만으로는 개나 말을 기르는 것과 다를 바 없다. 공경하는 마음이 담겨 있지 않다면 구분할 수 없지 않겠는가?

이러한 효행의 길에 대해 공자는 이밖에도 자주 설파하고 있다.

나는 이 '효(孝)'라는 덕목에 대해 부모가 자식에게 '효도하라.'고 강요하는 것은 오히려 자식을 불효로 몰아넣는 것으로 생각한다.

나도 아이들이 몇 명 있는데, 그 아이들이 과연 앞으로 어떻게 될지 모르겠다. 나도 아이들에게, 방금 전의

"아버지와 어머니의 몸에 병이 없는지 걱정하라."라는 『논어』

의 말을 가끔 들려주기도 한다. 하지만 결코 효도를 요구하거나 강요하지 않으려고 노력한다.

부모는 자신의 마음가짐에 따라 자식을 효도하게 할 수도 있고, 반대로 불효하게 할 수도 있다. 자기 뜻대로 되지 않는 자식을 모두 불효라고 생각한다면 그것은 큰 오산이다. 단순히 부모를 부양하는 것뿐이라면 개나 말과 같은 짐승을 길러서 먹여 살리는 것과 다를 바 없다. 사람의 자식으로서 효도의 길은 그리 간단하지 않다. 부모의 뜻대로 되지 않고, 부모 곁에 늘 있으면서 부모를 부양하지 않는 자식이라고 해서 그것이 반드시 불효는 아니다.

이런 이야기를 하면 마치 내 자랑처럼 느껴져 부끄럽지만, 실제 있었던 일이라 주저하지 않고 이야기해 보겠다. 아마 내가 스물세 살 때였던 것 같은데, 아버지가 나에게 이런 이야기를 하셨다.
"네가 열여덟 살 무렵부터 지켜본 바로는 너는 나와는 다른 점이 있는 것 같구나. 책을 읽게 하면 이해력이 뛰어나고, 무슨 일이든 잘 알아듣는구나. 내 바람을 말하자면, 언제까지나 너를 내 곁에 두고 내 말을 따르게 하고 싶다. 하지만 그러면 오히려 너를 불효자가 되게 할 것이니, 앞으로는 너를 내 손에서 해방시켜 내 뜻대로 하게 하고 싶다."

아버지가 말씀하신 대로, 그 당시 나는 독서 이해력만 놓고 보면 어린 나이에도 불구하고 이미 아버지보다 뛰어났을지도 모른다. 또 아버지와 비교하면 여러 면에서 우월한 점도 많았을 것이다. 그런데도 아버지가 나를 억지로 아버지 뜻대로 하려고 하고 '이것이 효도의 길이다.'라고 효행을 강요했다면, 나는 오히려 반항하고 불효자가 되었을지도 모른다.

다행히 이런 사태가 일어나지 않고, 미숙하지만 불효자가 되지 않은 것은 아버지가 나에게 효도를 강요하지 않고 넓은 마음으로 나를 대하고 내가 원하는 대로 뜻을 펼칠 수 있게 해준 덕분이다. 효행은 부모가 시켜야만 자식이 할 수 있는 것이다. 자식이 효도하는 것이 아니라 부모가 자식에게 효도하게 하는 것이다.

아버지가 지금 말한 것과 같은 사고방식으로 나를 대했기 때문에 자연스럽게 그 영향을 받아서인지, 나도 내 자식에게 아버지와 같은 태도로 대하려고 노력한다. 내가 이런 말을 하는 것은 조금은 예의에 어긋날지 모르지만, 나 자신이 아버지보다 조금 더 나은 점이 있었기 때문에 아버지와는 전혀 다른 행동을 한 것이다. 아버지와 다른 점이 있었기 때문에 나는 아버지를 닮을 수 없었다.

내 아이들의 미래가 어떻게 될지 신이 아닌 내가 단언할 수는 없다. 그러나 현재로서는 어쨌든 나와는 다른 점이 있다. 다만 다르다고 해도 나와 아버지와의 차이와는 정반대로, 오히려 열등한 쪽의 차이다. 그러나 이 차이를 탓하며 아이들에게 '내 뜻대로 해라.'고 강요하면 어떨까. 그런 주문을 강요하는 내가 더 무리라는 것이다. '내 뜻대로 하라.'고 강요해도 나처럼 되지 못하는 아이들은 어쩔 도리가 없다. 그렇다고 강요하면 아이들은 내 생각에서 벗어나 불효자가 될 수밖에 없다. 내 뜻대로 되지 않는다고 해서 아이들을 불효자로 몰아가는 것은 참을 수 없는 일이 아니겠는가.

그래서 나는,
"자녀에게 효도하게 하는 것이 아니라 부모가 효도할 수 있도록 해야 한다."라는 기본적인 생각으로 아이들을 대하고 있다. 아이들이 모두 내 뜻대로 되지 않는다고 해서 불효자식이라고 생각하지 않으련다.

현대 교육으로
얻은 것, 잃은 것

옛날의 청년과 지금의 청년은 옛날 사회와 지금의 사회가 다른 것처럼 다르다. 내가 스물 네 다섯 살 때, 바로 메이지 유신 이전의 청년과 현대의 청년은 그 환경과 교육이 전혀 다르기 때문에 어느 쪽이 우월하고 어느 쪽이 열등하다고 한 마디로 말할 수 없다.

그러나 일부 사람들은,
"옛날의 청년은 의욕도 있고, 포부도 있고, 지금의 청년보다 훨씬 훌륭했다. 지금의 청년은 경박하고 기운이 없다."라고 말하고 있다. 나는 일률적으로 그렇게 말할 수 없다고 생각한다. 왜냐하면 옛날의 몇 안 되는 훌륭한 청년과 지금의 일반 청년을 비교해서 이런저런 말을 하는 것은 잘못된 것이기 때문이다. 지금의 청년 중에도 훌륭한 청년이 있고, 옛날의 청년 중에도 훌륭하지 않은 청년이 있었다.

메이지 유신 이전의 '사농공상(士農工商)' 계급은 매우 엄격했다. 우선 무사들 사이에서도, 상사(上士)와 하사(下士)라는 계급이 있었다. 또한 농민과 상민 사이에서도 대대로 그 땅의 자산가이자 마을의 리더였던 가문과 그렇지 않은 가문의 사람과는 자연히 그 기풍과 교육에 차이가 있었다. 이런 상황이었기 때문에 같은 청년이라도 무사와 상류층 농민과 일반 농민과 상류층은 교육도 달랐다.

옛날의 무사나 상류층 농민공들은 대부분 청년 시절에 중국 고전 교육을 받은 경우가 많았다. 처음에는 『소학』이나 『효경』『근사록』 더 나아가 『논어』『대학』『맹자』 등을 공부했다. 또 한편으로는 몸을 단련하고 무사적인 정신을 고취하는 데에도 힘썼다.

그렇다면 일반 농민들은 어떤 교육을 받았을까? 매우 친숙하고 알기 쉬운 '실어교(実語教)'나 '정훈왕래(庭訓往来)', 그리고 가감승제(加減乗除)의 구구단(九九)을 배웠을 뿐이었다.

이러한 차이로 인해 중국 고전 교육을 많이 받은 무사는 이상도 높고 통찰력도 있었다. 반면, 농민이나 마을 사람들은 알기 쉬운 연습을 익혔을 뿐, 대체로 무식한 사람이 많았다.

그러나 지금은 계급이 없는 평등한 사회로 지위나 소득 등과 관계없이 모두 교육받고 있다. 즉, 미쓰비시 창업자인 이와사키 가문이나 미쓰이 가문의 아들도, 비좁은 연립주택에 사는 아들도 모두 같은 교육을 받는 상황이 된 것이다. 그러니 그 많은 청년 중에 품성이 천박하고 학문을 못 하는 청년이 섞이는 것은 어쩌면 어쩔 수 없는 일인지도 모른다. 그래서 지금의 일반 청년과 옛날의 소수 무사 계급 청년을 비교하여 이런저런 비난을 하는 것은 옳지 않은 일이다.

지금도 고등교육을 받은 청년 중에는 옛날 청년들과 비교해도 전혀 손색이 없는 이들이 많다. 예전에는 소수라도 좋으니 위대한 자를 배출하는 천재 교육이었다. 지금은 다수를 평균적으로 가르치고 이끌어가는 상식적인 교육이 되었다. 옛날 청년들은 좋은 스승을 고르는 데 매우 고심했다. 유명한 구마자와 반잔(熊沢蕃山, 1619~1691)은 나카에 도주(中江藤樹, 1608~1648)의 문하로 갔다, "문인으로 만들어주세요."라고 부탁했지만 허락되지 않았고, 사흘 동안 처마 끝에서 움직이지 않았다. 후지키도 그 열정과 진심에 반해 마침내 그를 문하생으로 삼았다고 할 정도였다고 한다. 그 외에도 아라이 하쿠세키(新井白石, 1657~1725)와 기노시타 준안(木下順庵, 1621~1699), 하야시 라잔(林羅山, 1583~1657)과 후지와라 세이카(藤原惺窩, 1561~1619)의 관계 등, 모두 훌륭한 스승을 선택해 학문을 배우고 덕을 닦은 사람들이다.

그런데 현대 청년들의 스승과 제자 관계가 완전히 흐트러져, 시끄러운 스승과 제자의 교류가 별로 보이지 않는 것은 매우 안타까운 일이다. 지금의 청년들은 스승을 존경하지 않는다. 학교의 학생 등 스승을 마치 만담가나 강담가처럼 여긴다. '강의가 서툴다.' '해석이 부족하다.' 등 학생으로서 해서는 안 될 말을 하고 있다. 이를 다른 측면에서 보면 학과 제도가 예전과 달리 많은 선생님을 접할 수 있기 때문일 수도 있다. 그렇다고 해도 지금의 사제관계는 혼란스럽다. 동시에 교사들 역시 제자를 사랑하지 않고 싫어하는 때도 있다.

요컨대, 청년은 좋은 스승을 만나 자신을 갈고닦아야 한다. 옛날의 학문과 지금의 학문을 비교해 보면, 옛날에는 마음의 학문만 있었다. 반면 지금은 지식을 습득하는 데만 힘을 쏟고 있다. 또한 예전에는 읽는 책마다 '자신의 마음을 닦으라.'고 가르쳤다. 그래서 자연스럽게 이를 실천하게 된 것이다. 더 나아가 자신을 갈고 닦으면 가족을 모으고, 나라를 모아 천하를 안정시키는 역할을 맡는다는, 사람이 걸어야 할 길의 의미를 가르친 것이다.

『논어』에 이런 말이 있다.
"부모를 소중히 여기고 윗사람을 공경하는 사람이 윗사람을 거역하는 일은 거의 없다. 윗사람을 거스르지 않는 사람이 조직의 질서를 어지럽히는 일은 있을 수 없다."
"군주를 섬기며 몸을 잘 바친다."
즉, 부모와 윗사람을 먼저 소중히 여기는 것을 가르친 것이다.

또한,
'인(仁) - 모든 것을 건강하게 키운다.'
'의-모두를 위한 생각'
'예의- 예의를 익힌다.'
'지(智)- 사물의 내실을 꿰뚫어 보는'
'신(信)- 신뢰받는'
이 다섯 가지의 도덕을 널리 퍼뜨려 사람들에게 동정하는 마음과 부끄러워하는 마음을 갖게 하고, 예의와 절제, 근면하고 검소한 생활을 중시하도록 가르친 것이다. 그래서 옛 청년들은 자연스레 자신을 갈고 닦았고, 항상 천하를 걱정했다. 또한, 꾸밈이 없고 성실하며 부끄러움을 알고 신용과 정의를 중시하는 기풍이 성행했다.

이에 반해 지금의 교육은 지식 습득을 중시한 결과, 이미 초등학교 때부터 많은 학과를 배우고, 중학교와 대학에 진학하여 점점 더 다양한 지식을 쌓게 되었다. 그러나 정신을 닦는 것을 소홀히 하고 마음의 학문에 힘을 쏟지 않으니 청소년들에게 인격적인 면에서 문제가 생기게 된 것이다.

애초에 현대의 청년들은 학문을 닦는 목적을 잘못 알고 있다. 『논어』에도 나온다,
"옛날 사람은 자신을 발전시키기 위해 학문을 했다. 인간은 이름을 팔기 위해 학문을 한다."
이런 탄식은 그대로 지금의 시대에도 해당한다. 청년들은 그저 학문을 위한 학문을 하고 있다. 처음부터 '이것이다.'라는 목적이 없이, 어쩌다 보니 학문을 한 결과, 실제로 사회에 나가고 나서야, "나는 무엇을 위해 학문을 해왔을까?"라는 의문을 품는 청년들이 적지 않다.

"학문을 하면 누구나 위대한 인물이 될 수 있다."
라는 일종의 미신 때문에 자신의 처지나 생활 상태를 고려하지 않고 분수에 맞지 않는 학문을 하게 된다. 그 결과 후회하는 일이 벌어지는 것이다.
그렇기 때문에 일반 청년이라면 초등학교를 졸업한 후 자신의

경제력에 따라 각자의 전문 교육에 뛰어들어 실제로 도움이 되는 기술을 익혀야 한다. 또한 고등교육을 받는 사람이라도 중학교 때, "앞으로 어떤 전문 학과를 전공해야 하는가?"라는 확실한 목적을 정해야 한다.

얄팍한 허영심 때문에 학문을 닦는 방법을 그르치면 그 청년 자신의 몸가짐을 잘못하게 될 뿐만 아니라 국가의 활력 쇠퇴를 초래하는 원인이 된다.

위인과 그 어머니 여성은 옛날 봉건시대처럼 교육받지 못한 채로 방치하고, 우습게 여기면 되는 것일까? 아니면 제대로 된 교육을 받고, 자신을 가꾸며, 가정을 꾸려나가는 사람으로서의 길을 가르쳐야 하는 것일까?

이것은 굳이 말하지 않아도 뻔한 문제이고, 여성이라고 해서 교육을 소홀히 하는 일이 있어서는 안 된다. 이 점에 대해 나는 우선 여성의 천직이라 할 수 있는 자녀 양육이라는 관점에서 조금 생각해 볼 필요가 있다고 생각한다.

일반적으로 여성과 자녀는 어떤 관계를 하고 있을까? 이를 통계적으로 연구해 보면, 대부분은 훌륭한 여성에게서 훌륭한 자녀가 태어나고, 훌륭한 여성의 교육으로 훌륭한 인재가 탄생하는 경우가 많다. 그렇다면 여성을 교육하여 그 지혜와 능력을 꽃피우고 여성으로서의 도덕성을 길러주는 것은 교육받은 여성 본인뿐만 아니라 간접적으로는 선량한 국민을 길러내는 원천이 되는 것이다.

그래서 여성교육은 결코 소홀히 할 수 없다. 아니, 여성 교육을 중시해야 하는 이유는 그것만이 아니다. 필자는 여성 교육이 필요한 이유를 다음과 같이 덧붙여 설명하고자 한다.

메이지 이전 일본의 여성 교육은 전적으로 중국 사상을 받아들인 교육이었다. 중국의 여성에 대한 관념은 소극적이었고, 여성은 순결을 지키고, 순종하고, 세심하게 살피고, 부드럽고 아름답고, 인내하라고 가르쳤다. 이렇게 정신적인 교육에 중점을 두었음에도, 지혜나 학문, 이론과 같은 분야에 대한 지식을 장려하거나 가르치려 하지 않았다.

일본 에도 막부 시대의 여성들도 주로 이러한 사고방식으로 교육을 받았으며, 가이바라 에키켄(貝原益軒, 1657~1725)의 '온나다이학(女大學)'은 그 시대 유일한 최고의 교과서였다. 그 내용이라고 하면, 지혜는 완전히 무시되고 소극적이고 단정한 것만을 강조하고 있었다. 그리고 이런 교육을 받은 여성들이 오늘날 사회의 대부분을 차지하고 있다.

메이지 시대 이후 여성에 대한 교육이 많이 발전했지만, 아직 이러한 새로운 교육을 받은 여성의 세력은 극히 일부에 불과하다. 사회에서 여성의 실체는 '여대'에서 나오지 않았다고 해도 과언이 아니다. 그래서 오늘날 사회에서 여성 교육이 활발하게 이루어지고 있다고 해도 그 효과를 아직 충분히 인정할 수 없는 것이다.

말하자면 여성교육의 과도기이기 때문에 그 일에 종사하는 사람은 무엇이 좋고 무엇이 나쁜지 잘 논의하고 판단하고 연구해야 한다. 더군다나 '배는 남의 것'이라는 옛말, 즉 아이만 낳으면 여자는 쓸모없다는 말은 입에 담을 수도 없고 입에 담아서도 안 되는 오늘날, 예전처럼 여성을 우습게 보거나 조롱할 수는 없다고 생각한다.

이 점에서 기독교적인 여성에 대한 태도는 차치하고라도, 인간이 걸어야 할 올바른 길에 호소하여 다음과 같이 주장하고 싶다. 여성을 도구로 여겨서는 안 되며, 인류 사회에서 남성이 존중받는 것처럼 여성도 존중받아야 한다. 여성도 사회를 조직하는 데 있어 그 반쪽을 짊어지고 서 있는 존재이기 때문이다. 중국의 옛 철학자들도,
"남녀가 한 방에 모여 가족이 되는 것은 인간의 기본적인 의무다."라고 지적하고 있다. 말할 필요도 없이 여성도 사회의 일원이며 국가의 구성요소이다.

그렇기 때문에 여성에 대한 옛날부터의 우습게 여기는 생각을 버리고, 여성에게도 남성과 같은 국민으로서의 재능과 지혜, 도덕성을 부여하고 함께 도와야 한다. 그러면 지금까지는 5천만의 국민 중 2천5백만밖에 쓸모없었던 것을 2천5백만을 더 활용할 수 있게 되지 않겠는가. 이것이 바로 여성에 대한 교육을 크게 활성화해야 하는 근본적인 논리다.

이론보다 실제

　세상 전반의 교육 방식을 보면 - 특히 지금의 중등교육이 그 폐해가 심한 것 같지만 - 단순히 지식을 가르치는 것에만 너무 치중하고 있는 것 같다. 다른 말로 하면, 도덕성을 길러주는 방향성이 빠져 있다. 확실히 부족하다.

　한편 학생들의 기풍을 보면 옛날 청년들과는 달리 용기와 노력, 그리고 자각이 아직은 부족하다. 물론 이렇게 말하는 것은 나 같은 늙은이가 교만한 자랑을 하려는 것은 아니다. 어쨌든 지금의 교육은 학과 과목이 많다. 이것도 그렇고 저것도 그렇고, 수많은 과목의 습득에만 몰두하다 보니 시간이 부족하다는 식의 분위기다.
　그러다 보니 한눈을 팔 틈도 없고, 인격과 상식을 갖추기 위한 노력 따위는 할 수 없는 것은 당연한 흐름이다. 이것은 돌이켜보면 안타까운 일이다. 현재 사회에 나와 있는 사람은 그렇다 치더라도, 앞으로 사회에 나가서 크게 노력하여 국가를 위해 봉사하고자 하는 사람들은 이런 사정을 잘 살펴주었으면 한다.

그런데 나와 가장 관련이 깊은 실업계 교육에 대해 살펴보면, 예전에는 그런 교육이 존재하지 않았다. 메이지 유신 이후에도 메이지 14, 15년(1881~1882년) 무렵까지 이 방면에서는 조금도 진전이 없었다. 상업학교 같은 것도 그 발전은 겨우 최근 20년간의 일이었다.

대체로 문명의 발전이란 정치, 경제, 군사, 상공업, 학문, 예술 등이 모두 발전해야 비로소 그 참모습을 볼 수 있다. 그중 하나라도 빠지면 완전한 발달, 문명의 진보라고 할 수 없는 것이다. 그런데 일본에서는 그 문명의 큰 요소인 상공업이 오랫동안 소홀히 다루어지고 무시되어 왔다.

한편 유럽의 강대국들을 보면 다른 분야도 물론 마찬가지만, 그중에서도 특히 발전하고 있는 것은 실업, 즉 상공업이다. 우리나라에서도 최근 들어 실업계 교육에 대한 세간의 관심이 높아지면서 진보 발전을 거듭하고 있다. 그러나 안타깝게도 그 교육방법은 앞서 말했듯이 서두르는 대로, 이론과 지식에만 치우쳐 있는 경향이 있다. 규율이라든가, 인격이라든가, 도덕이나 정의와 같은 것들은 무시당하기 일쑤다. 큰 흐름 속에서 이것은 어쩔 수 없는 일이라고 할 수도 있겠지만, 매우 안타까운 일이다.

실업계에서 일하고자 하는 사람은 이런 여러 가지 조건을 충분히 갖춰야 한다. 또 하나 존중해야 할 중요한 것이 남아 있다. 그것은 자유, 즉 자신을 의지하는 것이다. 실업계에서는, 예를 들어 군대에서의 사무처럼, 일일이 상부의 명령을 기다리다 보면 기회를 놓치기 쉽다. 그래서 모든 일을 명령에 따라 해서는 성장하기 어렵다.

그러나 그 결과 지식에만 치우쳐 자신의 이익만을 추구하게 되면 어떻게 될까? 맹자는 말한다,
"윗사람과 아랫사람이 모두 이익 추구에 몰두하면 나라가 위태로워진다." 이 점이 매우 염려스러워 어떻게든 이런 사태가 발생하지 않도록 늘 유념해야 한다. 필자는 가까운 실무 교육에서도 지육(智育)과 덕육(德育)을 함께 하고자 미력하나마 오랫동안 노력해 온 것이 사실이다.

인력 과잉의
가장 큰 원인

경제의 세계에는 '수요'와 '공급'의 원리가 있다. 마찬가지로 실제 사회에 몸을 던져 활동하고자 하는 인간에게도 이 원칙이 적용되지 않을까.

말할 필요도 없이, 사회에서 이루어지는 사업의 규모에는 일정한 한계가 있고, 쓸 수 있는 만큼의 인력을 고용하면 더 이상 필요하지 않게 된다. 하지만 인재는 해마다 많은 학교에서 양성이 이루어지고 있다. 이 때문에 아직 성장 과정에 있는 우리 실업계는 그 사람들을 만족시킬 수 있는 인력을 충분히 활용하지 못하고 있는 것이다.

특히 오늘날에는 고학력자의 공급이 너무 많다. 학생들은 일반적으로 고도의 교육을 받고 훌륭한 사업에 종사하고 싶다는 희망을 품고 있다. 그래서 금방 사람들이 몰리고 공급과잉을 낳을 수밖에 없다.

학생들이 이런 희망을 품는 것은 개인으로서 당연히 축하할 만한 마음가짐이다. 그러나 이것을 일반 사회나 국가의 측면에서 보면 어떨까. 필자에게는 반드시 기뻐해야 할 현상으로 볼 수 없을 것 같다. 요컨대, 사회는 어느 곳이나 똑같지 않다. 그래서 사회가 필요로 하는 인재는 다양할 수밖에 없다.

높은 지위에서 보면 회사에는 사장이 될 사람이 있고, 낮은 지위에서 보면 잡역부부터 운전기사까지 필요하다. 사람을 쓰는 쪽은 수가 적어지지만, 쓰임 받는 쪽은 무한한 수요가 있다. 이를 바탕으로 학생들이 사람에게 쓰이는 사람이 되고자 한다면 수요도 늘어나 오늘날의 사회에서도 인재가 남아도는 일은 없을 것으로 생각한다.

그런데 오늘날 대부분의 학생은 소수에 불과한, 사람을 사용하는 사람이 되고 싶어 한다. 즉, 학문을 해왔고, 고도의 이론도 알고 있으므로 남에게 이용당하는 것을 우습게 여긴다.

동시에 교육 정책도 다소 의미가 퇴색된 측면이 있다. 무분별하게 지식을 주입하는 지식 교육으로만 만족하다 보니 비슷비슷한 인재들만 양산한다. 게다가 정신을 닦는 것을 소홀히 한 결과, 사람에게 고개를 숙이는 법을 배울 기회가 없다는 큰 문제가 생겼다. 즉, 장난삼아 기고만장해져 버린 것이다. 이런 식이라면 인재가 남아도는 현상도 오히려 당연한 일이 아닐까.

지금 와서 굳이 사대부 시대의 교육을 예로 들지는 않겠다. 인재 양성이라는 측면에서는 불완전하지만, 옛날이 더 잘 이루어졌다고 할 수 있다. 지금에 비하면 교육 방법 등은 지극히 단순했고,

교과서 역시 사서오경이나 팔대가문 정도가 기껏해야 수준급이었다. 그러나 그로 인해 양성된 인재는 절대 비슷하지 않았다. 그것은 물론 교육 방침이 전혀 달랐기 때문이다. 학생들은 각자 자신이 잘하는 분야를 향해 나아갔기 때문에 십인십색의 인재로 성장해 나갔다.

예를 들어, 수재(秀才)는 점점 실력이 향상되어 높은 수준의 업무로 나아갔지만, 머리가 좋지 않은 사람은 무리한 희망을 품지 않고 일반 업무에 종사하는 풍토가 있었다. 그래서 인재를 쓰는 데 어려움을 겪을 염려가 적었다.

이에 반해 오늘날에는 교육 방식은 훌륭하지만, 그 정신은 엉망진창으로 변질되어 버렸다.

그래서 학생들은 자신의 재능 유무(有無)와 적성, 적성과 부적합을 구분하지 못한다,

"그 녀석도 나도 같은 사람이잖아. 저 녀석과 같은 교육을 받은 이상, 저 녀석이 할 수 있는 것 정도는 나도 할 수 있을 거야."라는 자부심을 품고, 하찮은 일을 감히 하겠다고 생각하는 사람이 줄어들었다.

이런 기개를 갖는 것은 옛날 교육이 백 명 중의 한 명의 수재를 배출하려 했다면, 오늘날은 아흔아홉 명의 평균적인 인재를 만들어내는 교육법의 장점이라고 할 수 있다. 그러나 그 정신이 잘못되었기 때문에 결국 현재와 같이 평범한 인재가 넘쳐나는 결과를 가져왔다.

그러나 같은 교육 정책을 펴고 있는 서구 선진국의 상황을 보

면, 교육으로 인해 이런 폐해가 발생하는 경우는 거의 없는 것 같다. 특히 영국은 우리나라 교육 현실과는 전혀 다르게 상식이 충분히 자랄 수 있도록 하고, 인격적인 인물을 만드는 데 주의를 기울이고 있는 것으로 보인다.

물론 이것은 교육에 대해 잘 모르는 나 같은 사람이 쉽게 왈가왈부할 수 있는 문제는 아니다. 하지만 큰 틀에서 보면 오늘날과 같은 결과를 낳는 교육은 그다지 완전하지 않다고 생각한다.

10

제10장 | 성패와 운명

양심과 배려만 있다
할 수 있는 모든것을 다 한 후 운명을 기다린다
순역(順逆), 두 경계는 어디에서 오는가?
세심하고 대담하게
성공과 실패는 자기 몸에 남는 찌꺼기
열 가지 격언

양심과
배려만 있다

"일이란 꾸준히 노력하면 익숙해지는 것이지만, 긴장을 늦추면 거칠어진다." 이는 모든 일에 해당하는 말이다. 만약 큰 흥미와 즐거움을 느끼고 사업에 임한다면 아무리 바쁘고 귀찮아도, 지겹거나 싫증이 날 만큼의 고통은 느끼지 못한다.

하지만 이와 반대로 전혀 재미를 느끼지 못하고, 귀찮게 일만 하는 경우라면 어떨까. 반드시 지루함을 느끼게 되고, 결국에는 불만을 품게 되어 그 직장을 그만두게 되는 것이 자연의 순리일 것이다.

전자는 정신이 맑고 유쾌한 기분에서 즐거움을 발견하고, 더 나아가 끝없는 기쁨을 느끼며 사업을 추진하는 원동력으로 삼을 수 있다. 그런 사업의 성장은 사회를 위해서도 도움이 된다. 후자의 경우, 정신이 위축되고 우울과 지루함, 피로감을 느끼게 되어 결국에는 자신을 스스로 망가뜨리는 결과를 초래하고 만다.

지금 이야기를 듣고 있는 도쿄시 보육원에서 일하는 여러분에게 "전자와 후자를 비교한다면 어느 쪽을 택하겠느냐?"고 묻는다면 "전자를 택하는 것이 가장 현명한 선택, 후자를 택하는 것이 가장 어리석은 선택"이라고 명쾌하게 대답할 수 있을 것이다.

또 흔히 세상 사람들은 입버릇처럼 운의 좋고 나쁨에 관해 이야기한다. 애초에 인생의 운이라는 것은 그 십중팔구 처음부터 정해져 있는 것일지도 모른다. 하지만 설령 운이 미리 정해져 있다고 해도 스스로 노력해서 그 운을 개척해 나가지 않으면 결코 잡을 수 없다. 즐겁게 일을 하는 사람이 있지만, 큰 재앙을 불러오는 사람이 있는 것은 그 시작이 단순히 크게 차이가 났기 때문만은 아니다. 여러분도 꼭 전자를 택하고 후자를 버리고 싶다는 열망이 있을 것이다.

그렇다면 여러분 각자가 자신의 일 속에서 큰 즐거움과 기쁨을 가질 수 있도록 해야 한다. 그리고 동시에 일의 내용도 충실하게 하는 게 맞다. 더군다나 이것이 구호사업과 같은 자원봉사라면, 그 성격상 더더욱 주의를 기울여 그 내용을 충실하게 하려고 노력해야 한다.

하지만 그렇다고 해서 내용에만 힘을 쏟고 형식을 소홀히 하는 것도 좋지 않다. 대체로 모든 사업은 내면과 외면의 균형을 잃지 않아야 한다. 외형에 치중하기 위해 형식에 치중하는 것은 이런 의미에서 가장 피해야 할 일이다.

또한 여러분은 이미 알고 있겠지만, 이 도쿄 시립양육원에는 1915년 1월 현재 2,500,600명의 생활이 어려운 사람들이 수용되어 있다. 그중에는 예외적으로 선의의 동기가 나쁜 결과를 낳아 궁핍해지거나 여행지에서 병에 걸린 사람들도 없지 않다. 그러나 대부분은 이른바 자초지종을 가진 사람들이다. 하지만 자초지종이라고 해서 동정심을 가지고 대하지 않는 것은 매우 좋지 않다.

사람이 항상 품어야 할 '인도주의'는 무엇보다도 양심과 배려의 마음을 바탕으로 하고 있다. 일에는 성실하고 열심히 임해야 한다. 그리고 동시에 거기에는 깊은 애정이 있어야 한다. 나는 특별히 그들을 우대하라는 것이 아니다. 자비의 정을 잊지 말라는 것이다. 여러분은 이 도리를 꼭 익혀서 현장에서 실제로 실천해 주었으면 한다.

또한 의료에 종사하는 여러분도 수용된 환자를 자신의 연구 재료로 생각한다면 그것은 전혀 용서할 수 없는 이야기다. 연구라는 것도 정도의 문제이기 때문에 절대 나쁘다고는 할 수 없지만, 의료계 여러분은 환자를 치료하는 것이 당면한 의무라고 생각하고 노력해 주었으면 좋겠다.

또한 간호사들도 마찬가지인데, 환자들을 좀 더 친절하게 대해 주길 바란다. 그들은 정신이 변조된 경우가 많지만, 사회에서 낙오된 자를 동정하는 것은 앞서 말한 양심과 배려의 마음이다. 이 두 가지야말로 사람이 걸어야 할 길이며, 사회에서 살아가기 위한 기초다. 즉, 그 사람이 행운을 잡을 수 있는 원천이 되는 것이다.

할 수 있는 모든것을 다 한 후
운명을 기다린다

'하늘'이란 어떤 존재인가는 내가 관계하고 있는 '귀일교회'(서로 다른 종교의 상호 이해를 위해 1912년에 만들어진 조직) 등의 모임에서도 자주 논의되는 주제다.

일부 종교인들은 '하늘'을 영혼이 있는 일종의 생명체로 해석한다. '하늘'은 실체는 없지만, 인격이 있는 영혼이며, 마치 인간이 팔다리를 움직이듯 사람에게 행복과 불행을 준다는 것이다. 그뿐만 아니라, 기도를 하거나 기도를 하면 '하늘'이 그 옳고 그름을 판단해 운명을 조종하는 것처럼 생각하기도 한다.

그러나 '하늘'은 이들 종교인이 생각하는 것처럼 인격이나 신체를 가지고 있거나, 기도를 통해 사람의 운명에 행복과 불행을 더하는 그런 존재가 아니다. 하늘이 내리는 운명은 본인이 알지도 못하고 깨닫지도 못하는 사이에 자연스럽게 이루어지는 것이다. '하늘'이 마술사처럼 불가사의한 기적을 행하는 것은 물론 아니다.

"이것이 하늘이 내린 운명인가?"

"아니, 이쪽이 하늘이 내린 운명이다."라는 인식은 결국 인간이 제멋대로 결정한 것이지, 하늘은 전혀 알 수 없는 이야기다.

하늘이 내린 운명이란 인간이 의식하든 의식하지 않든 사계절이 자연스레 흘러가듯 모든 사물에 내려오는 것임을 먼저 깨달아야 한다. 이 다음에 운명에 맞서야 할 일이다.
'공경- 예의 바르게 하기'
'경(敬)- 죄송하다.'
'신(信)- 믿는다.'
라는 세 가지 태도로 임해야 한다. 그렇게만 믿는다면 '인사만사천명(人事萬事天命)을 기다린다.', 즉 자신이 할 수 있는 모든 일을 다 한 후 하늘이 내려주는 운명을 기다린다는 말에 담긴 진정한 의미를 새길 수 있다. "하늘을 어떻게 이해하면 좋을까?" 나는 다음과 같은 공자의 말에 근거해 판단을 하면 된다는 입장이다.

즉, '하늘'을 인격이 있는 영혼을 가진 생명체라고 생각하지 않고, 그렇다고 천지와 사회 사이에 일어나는 인과응보의 원리를 '우연에 불과하다.'라고 생각하지도 않는다. 이 모든 것을 하늘이 주신 운명이라고 여기며 '공경' '경' '신'의 마음으로 임하는 것, 이것이 가장 온전한 자세가 아닐까 싶다.

순역(順逆),
두 경계는 어디에서 오는가?

 여기에 두 사람이 있다고 하자. 한 사람은 지위, 재산도 없고, 그를 돋보이게 해줄 선배도 당연히 없다. 즉, 사회에 나가서 출세할 수 있는 요소가 극히 적다.
 그러나 세상을 살아가는 데 있어 한 가지 학문을 제대로 공부하고 있다. 게다가 그 사람은 비범한 능력이 있고, 몸도 건강하고, 매우 노력파이며, 하는 일이 목표가 있고, 무슨 일을 시켜도 선배들이 안심할 수 있게 마무리했다고 가정하자. 게다가 좋은 의미에서 항상 기대에 부응하는 결과를 지속적으로 내놓는다면 반드시 많은 사람이 그 행적을 칭찬할 수밖에 없다. 그런 사람이라면 국가든 민간이든 상관없이 반드시 한 일은 반드시 실행하고, 일에서는 성과를 내기 때문에 결국 지위도 재산도 손에 넣을 수 있게 된다.

 이 경우, 그 사람의 신분과 지위를 반쪽만 보는 세상은 당연히 그를 순경으로 여길 것이다. 하지만 사실은 순경(順境)도 역경(逆境)도 아닌, 그 사람이 자신의 힘으로 그런 상황을 만들어냈을 뿐이다.

다른 한 사람은 타고난 게으름뱅이로 학창 시절에도 낙제만 하다가 불쌍히 여겨 겨우 졸업할 수 있었다고 가정해보자. 사회에 나가려면 지금까지 배운 학문으로 세상을 헤쳐 나가야 한다.

하지만 원래 머리가 나쁘고 공부가 부족해서 직장을 얻어도 상사의 지시를 마음대로 수행할 수 없다. 마음속에는 불만이 가득 차서 일에도 열중하지 못하고, 상사의 평가도 낮아 결국 해고당하고 만다. 집에 돌아가면 부모님과 형제들의 눈총을 받는다. 가족으로부터 신뢰를 얻지 못하니 고향에서도 신뢰를 얻지 못한다. 이렇게 되면 불만은 점점 커져 자포자기하게 된다. 그런 상황에 편승해 나쁜 친구들이 유혹하면 자신도 모르게 악의 길로 빠져들고 만다. 그리고 더 이상 굳건하게 돌아갈 수 없게 되고, 앞이 보이지 않는 삶을 방황하게 된다.

세간에서는 이를 두고 '역경의 사람'이라고 하는데, 실제로 역경처럼 보이기도 한다. 하지만 실은 그렇지 않다, 스스로 불러들인 운명에 불과하다. 당나라 중기의 시인 한퇴지(韓退之, 韓愈 768~824)가 자식을 격려하기 위해 지은 『부독성남(符讀成南)』에도 이런 구절이 있다.

"나무는 잣대를 대면 사람에게 도움이 되는 존재가 된다. 나무에 자를 대는 것은 목수다. 사람이 사람인 것은 배 속에 『시경』이나 『서경』과 같은 지식이 들어 있기 때문이다. 이런 지식을 노력해서 배우면 배는 채워지지만, 노력하지 않으면 배는 텅 빈다.

학문의 힘을 알고 싶다면 이렇게 생각하면 된다. 현자도 어리석은 자도 처음 태어날 때는 비슷하다. 그러나 학문의 여부에 따라 도달하는 곳이 달라진다.

두 가정에 각각 아이가 태어났다. 아기 때의 능력은 서로 비슷하다. 조금 커서 같은 또래로 함께 놀아도 물고기 떼처럼 다 같이 어울린다. 열두세, 세 살쯤 되면 드디어 조금씩 달라진다. 스무 살이 되면 조금씩 차이가 커져 고인 물웅덩이 옆에서 맑게 흐르는 물줄기를 보는 것과 같은 상황이 된다. 서른 살이 되면 몸도 단단해져 어떤 이는 용처럼, 어떤 이는 들쥐처럼 변한다.

용마(龍馬)가 질주할 때 작은 벌레 따위는 신경 쓰지 않는다. 어떤 사람은 말 앞을 걷는 일병이 되어 등에 채찍을 맞아 구더기가 돋는다 어떤 사람은 벼슬을 지극히 탐내어 벼슬아치가 되려고 한다. 왜 이렇게 되는 것일까? 배우는 것과 배우지 않는 것의 차이다.

이는 주로 학문에 대한 노력에 관한 이야기이지만, 동시에 순경과 역경으로 나뉘는 이유를 잘 알 수 있는 가르침이기도 하다. 요컨대, 나쁜 사람은 아무리 가르쳐도 듣지 않는 법이다. 반면, 좋은 사람은 가르쳐주지 않아도 스스로 어떻게 해야 하는지 알고 있고, 자연스럽게 운명을 만들어 간다. 그래서 엄밀한 의미에서 보면 이 세상에는 순경도 역경도 없다는 말이 된다.

만약 그 사람이 뛰어난 지능을 가지고 있고, 그 위에 끊임없는 노력을 기울인다면 결코 역경 따위는 있을 수 없다. 역경이 없다면 순경이라는 말도 사라진다. 스스로 적극적으로 역경(逆境)이라는 결과를 만들어내는 사람이 있기 때문에 순경(順境)이라는 말도 생겨나는 것이다.

예를 들어 이런 비유를 생각해보자. 몸이 약한 사람은 '추워서 감기에 걸렸다.' '더워서 복통이 있다.'라며 기후 탓으로 돌리며 자신의 원래 체질이 약하다는 것에 대해 입을 다물어 버리는 경우가 있다. 하지만 감기나 복통과 같은 결과가 나타나기 전에 몸만 튼튼하게 만들어 놓으면 기후로 인해 병마에 시달리는 일은 없다. 평소에 주의를 기울이지 않기 때문에 이런 질병을 불러일으키는 것이다. 그럼에도 불구하고 병에 걸렸다고 해서 자신의 책임을 인정하지 않고 오히려 기후를 원망하는 것은 자신이 만든 역경의 죄를 하늘 탓으로 돌리는 것과 같은 논리가 된다.

이상에서 언급한 것으로 미루어 볼 때, 나는 역경은 없는 것이라고 말하고 싶지만, 그렇게까지 극단적으로 단언할 수 없는 경우가 있다. 그것은 지식이나 능력, 실천 면에서 아무런 문제가 없고, 근면하게 노력하는 사람, 남들이 스승으로 칭송하는 사람이라도 정치나 실업계에서 순조롭게 뜻을 이루는 사람이 있는가 하면, 반대로 모든 것이 뜻대로 되지 않아 좌절하는 사람이 있다. 나는 후자와 같은 인물에 대해서만 진정한 의미의 역경이라는 말을 쓰고 싶다.

세심하고 대담하게

사회가 발전함에 따라 질서가 잡혀가는 것은 당연한 일이다. 그와 함께 새로운 활동을 시작하기 어려워지고 자연스레 보수적인 성향으로 기울어지게 된다. 물론 경솔한 행동은 어떤 경우에도 삼가야 하지만, 너무 위험에만 신경을 쓰다 보면 결단을 내리지 못하고 경직되어 약세 일변도로 흐르기 쉽다. 그 결과, 진보와 발전을 방해하는 경향이 생기게 된다. 개인에게 있어서도, 국가의 앞날에서도 이는 매우 우려스러운 상황이라고 말하지 않을 수 없다.

세계정세는 빠르게 움직이고, 경쟁도 치열해져, 상황은 하루가 다르게 발전하고 있다. 그러나 우리나라는 불행히도 오랫동안 고립된 상태로 세계의 흐름에 뒤처져 있었다. 이 때문에 개항 이후 다른 나라들이 놀라울 정도로 빠른 발전을 이룩했음에도 불구하고, 모든 면에서 여전히 뒤처져 있는 것은 분명한 사실이다. 즉, 후진국 상태에 있다는 뜻이다.

그렇기 때문에 선진국과 경쟁하고, 추월하기 위해서는 그들보다 몇 배의 노력을 기울여 나아가야 한다. 개인의 발전을 돕고 국가를 발전시키기 위해서는 최선을 다해 새로운 일에 도전하는 용

감한 마음이 필요하다.

 따라서 지금까지의 사업을 후세에 물려주려고 하거나 실수나 실패를 두려워하여 주저하는 기개 없는 자세는 결국 국가의 기세를 꺾어 버리게 된다. 꼭 이 점을 깊이 생각하여 크게 계획하고 성장하여 진정 가치 있는 일류국가로 거듭나야 한다. 맑은 도전정신을 기르는 것은 물론이고, 그것을 발휘해야 한다는 것을 뼈저리게 느끼는 것이 지금 이 순간에 특히 필요한 것이다.
 발랄한 도전정신을 키우고 이를 발휘하기 위해서는 진정한 의미의 자립적인 사람이 되어야 한다. 남에게만 의존하다 보면 자신의 실력이 현저하게 녹슬고, 가장 중요한 '자신감'이 자라지 않는다. 따라서 주저하거나 주눅이 들지 않도록 스스로에게 엄격하게 채찍질하여 약해지지 않도록 해야 한다.

 또한, 너무 딱딱하게 일에 얽매여 사소한 일에 신경을 쓰다 보면 자연스레 활력이 떨어지고, 도전정신이 꺾이게 된다. 그래서 이 점 또한 깊이 주의해야 한다. 물론 세심하고 꼼꼼한 노력은 필요하다. 그러나 한편으로는 대담한 기백도 발휘해야 한다. 즉, 세심함과 대담함의 양면성을 겸비하여 명쾌한 활동을 해야만 큰일을 이룰 수 있는 것이다. 이런 의미에서 보수에 치우친 최근의 경향은 크게 경계해야 한다.
 하지만 최근에는 청년들 사이에 새로운 활기가 넘쳐나고, 청년다움을 발휘하려는 경향도 생겨나고 있다. 이것은 축하할 만한 일이다. 그리고 동시에 중장년층의 활기가 보이지 않는 경향은 여전히 지속되고 있다. 이는 우려스러운 상황이라고 말하지 않을 수 없다.

자립해서 다른 것에 의존하지 않고 스스로 해내 가려면 지금처럼 정부 만능주의 상태에서 민간 기업이 정부의 보호에 매달리는 풍토를 없애야 한다. 민간이 힘을 키워 정부의 도움 없이도 사업을 성장시킬 수 있는 각오가 필요하다.

또한 세세한 것에 집착하고 부분적인 것에만 몰두하다 보면 법과 규칙의 종류만 늘어나게 된다. 그 결과, 자신이 만든 규칙에 어긋나면 어쩌나 조바심을 내거나 그 규칙을 지키기만 하면 만족하게 된다. 이런 것에 얽매여서는 새로운 것을 만들어내는 사업을 경영하고, 맑은 의욕을 가지고 세상의 흐름에 편승하는 것은 꿈도 꾸지 못할 것이다.

성공과 실패는
자기 몸에 남는 찌꺼기

　세상에는 운이 좋아서 성공한 것처럼 보이는 사람이 없는 것은 아니다. 하지만 사람을 볼 때 단순히 성공했느냐, 실패했느냐를 기준으로 삼는 것은 애초에 잘못된 것이 아닐까.
　사람은 사람으로서 마땅히 해야 할 일을 기준으로 자신의 삶의 길을 결정해야 한다. 그래서 실패니 성공이니 하는 것은 문제 밖이다. 아무리 운이 나빠도 성공한 사람이 됐든, 선량한 사람인데 운이 나빠서 실패했든, 그것을 보고 실망하거나 비관할 필요는 없을 것 같다. 성공과 실패라는 것은 결국 마음을 다해 노력한 사람의 몸에 남는 찌꺼기 같은 것이다.
　현대인의 대부분은 성공과 실패에만 눈이 멀어 그보다 더 중요한 '천지의 이치'를 보지 못한다. 그들은 사물의 본질을 보지 못하고, 돈과 재물을 영혼처럼 여기고 있다. 사람은 사람으로서 마땅히 해야 할 일을 성취하고, 자신의 책임을 다하며, 그것에 만족해야 한다.

　세상에는 성공할 것 같았는데 실패한 사례는 얼마든지 있다. 지혜로운 자는 자신의 운명을 만든다고 하지만, 운명만이 인생을 지배하는 것은 아니다. 거기에 지혜가 더해져야 비로소 운명을 열어갈 수 있는 것이다. 아무리 선량한 인간이라도 핵심적인 지혜가 부족해 기회를 놓치면 성공은 요원할 수밖에 없다. 도쿠가와 이에야스와 도요토미 히데요시는 이 사실을 잘 증명하고 있다.

만약 히데요시가 여든 살의 천수를 다 채우고, 반대로 이에야스가 예순 살에 죽었다면 어떻게 되었을까. 천하는 도쿠가와가 아닌 도요토미가 지배했을지도 모른다. 그러나 변하는 운명은 도쿠가와를 도와 도요토미에게 일부러 유리하게 작용했다.

동시에 히데요시가 일찍 사망한 것만이 도요토미 멸망의 원인은 아니었다. 도쿠가와 가문에는 명장들과 지혜로운 가신들이 구름처럼 모여들었다. 반면 도요토미에게는 히데요시의 첩이었던 요도기미가 있어 권력을 탐냈다. 성실함 그 자체로 어린 히데요시를 맡기기에 적합한 인물이었던 가타기리 가쓰모토는 요도군에게 배제되고, 반대로 오노 하루나가, 하루노리 부자가 후광을 입는 형국이었다. 그뿐만 아니라 이시다 산나리가 도쿠가와 이에야스를 토벌하기 위해 일으킨 간토 정벌은 도요토미 가문의 자멸을 앞당길 좋은 기회가 되었다.

그렇다면 도요토미 가문은 어리석고 도쿠가와 가문은 현명하다고 할 수 있을까? 필자는 도쿠가와가 삼백 년 동안 평화로운 에도 막부를 세울 수 있었던 것은 결국 운명의 장난이었다고 판단한다. 그러나 이 운명을 파악하는 것은 어려운 일이다. 보통 사람들은 흔히 주어진 운명에 순응할 수 있는 지혜가 부족하다. 그러나 이에야스는 그 지혜로 주어진 운명을 훌륭하게 붙잡은 것이다.

어쨌든 사람은 성실하게 열심히 노력하여 자신의 운명을 개척해 나가는 것이 좋다. 만약 그렇게 해서 실패하면 '내 지혜가 미치지 못했기 때문'이라고 포기하는 것이다. 반대로 성공하면 '지혜를 잘 활용했다.'라고 생각하면 된다. 성공하든 실패하든 하늘이 주신 운명에 맡겨야 한다. 이렇게 실패하더라도 계속 공부하면 언젠가는 다시 행운이 찾아오고야 만다.

인생의 길은 다양하고, 때로는 선한 사람이 악한 사람에게 패배한 것처럼 보일 때도 있다. 하지만 장기적으로 보면 선과 악의 차이는 분명한 결과로 나타나게 마련이다. 그러니 성공과 실패의 좋고 나쁨을 논하기보다 먼저 성실하게 노력하는 것이 우선이다. 그러면 공평무사한 하늘은 반드시 그 사람에게 행복을 주고 운명을 열어가도록 만들 것이다.

올바른 행위의 길은 하늘의 해와 달처럼 언제나 빛나고 조금도 그늘이 지지 않는다. 그래서 올바른 행위의 길을 따라 일을 하는 사람은 반드시 번영하고, 이를 거스르는 사람은 반드시 멸망한다고 생각한다. 한순간의 성공과 실패는 긴 인생, 가치 있는 일생에 있어서 거품과 같다. 그런데 이 거품에 빠져 눈앞의 성공과 실패만을 논하는 사람이 많다면 국가의 발전과 진보가 걱정스럽다. 될 수 있으면 그런 얕은 생각을 버리고 사회를 살아가는 데 있어 내실 있는 삶을 사는 것이 좋다.

성공과 실패라는 가치관에서 벗어나 초연하게 자립하고 올바른 행위의 길을 따라 계속 행동한다면 성공과 실패와는 차원이 다른 가치 있는 일생을 살 수 있다. 성공 따위는 사람으로서 마땅히 해야 할 일을 다 한 결과로 생기는 찌꺼기에 불과한 것이니 신경 쓸 필요가 전혀 없다.

열 가지 격언

　천지신명과 신령의 길은 모두 충만함을 싫어한다. 겸손하고 비워두면 해를 면할 수 있다. 『안씨 가훈』편

　하늘의 길은 봄이 먼저 오고 가을이 나중에 온다. 그리고 한 해를 형성한다. 정치에 있어서는 법령을 먼저 하고 형벌을 나중에 한다. 그리고 통치를 형성한다. 『양자(楊子)』편

　농업을 논하면 다음과 같다. 이마에 땀을 흘리고, 발은 진흙투성이, 머리는 헝클어지고, 온몸의 벌레를 털어내며 농사 일에 종사한다. 『국어(國語)』편

　(경제활동이라는 의미에서) 농부는 장인(職人)을 당할 수 없다. 면직물을 시장 문 앞에서 파는 것이 가장 좋은 것이다. 『사기』 화식열전(貨殖列傳) 편

　농업을 소홀히 하는 것은 기근의 근원이다. (천을 짜는 등) 여성의 일을 소홀히 하는 것은 추위에 떨게 하는 원인이다. 유석(劉錫)

의 『신론(新論)』편

언행은 군자에게 가장 중요한 요소이다. 이에 따라 명예를 얻느냐, 수치를 당하느냐가 결정된다. 『역경(易經)』편

(통치자가) 한 번 입에 올린 말이 여기저기서 소문이 난다. 그 비난을 받는 사람은 도대체 누구인가? 『시경(詩經)』편

말로 많은 것을 말하지 않는다. 그런 것은 말 대신 철저하게 철저하게 노력해야 한다. 『대대례기(大戴禮記)』편

목소리는 아무리 작아도 들리게 마련이다. 행위는 숨겨져 있어도 언젠가는 드러나게 마련이다. 『설원(說苑)』편

뜻과 의지가 굳건하면 상대가 부자나 권력자라도 굴복하지 않는다. 도의심(道義心)이 굳건하면 상대가 왕이나 귀족이라도 흔들리지 않는다. 『논어』편

칼럼 3

시부사와 에이이치가 관여한
약 5백여 개의 기업

여기서는 에이이치가 관여한 기업 중 일부를 소개한다. 어떤 기업이 관련되어 있었을까?

1) 일본철도(日本鉄道)

경제발전에는 철도가 필수적이다!
에이이치는 메이지 정부를 그만둔 후에도 철도에 관여했다. 많은 사람과 물자를 실어 나르는 철도가 일본을 부강하게 만드는 데 중요하다고 생각한 것이다. 에이이치가 관여한 철도 회사는 현재의 JR동일본(JR東日本)과 도쿄전철(東急電鐵) 등으로 이어져 있다. 또한 도쿄역에는 에이이치가 설립한 벽돌 회사의 벽돌이 사용되었다.

2) 시미즈구미(淸水組)

서양의 건축 기술을 도입하자!
메이지 시대, 서양의 건축 기술이 들어오면서 다양한 건물이 서양식으로 만들어지기 시작했다. 에이이치는 많은 건설 관련 회사와 관계를 맺었는데, 특히 시미즈 그룹과는 다이이치 은행의 건물을 맡기거나 자신의 저택을 맡기는 등 깊은 관계를 맺었다. 현재의 시미즈 건설淸水建設)이다.

3) 도쿄가스

가스를 모두에게 사용하게 하자!
프랑스에서 가스등을 본 에이이치는 일본도 생활을 풍요롭게 하는 인프라에 힘을 쏟아야 한다고 생각했다. 에이이치는 도쿄부 가스국장으로 가스 사업에 관여하고 있었지만, 이후 민간 가스회사를 설립하여 보급을 더욱 지속적으로 추진했다.

4) 제국호텔(帝國ホテル)

해외에서 온 손님을 대접하자!
메이지가 되어 해외와의 교류가 시작되면서 해외에서 온 손님을 접대할 수 있는 시설이 필요하게 되었다. 이를 위해 에이이치는 오쿠라 키하치로(大倉喜八郎) 등과 함께 제국호텔을 설립하였다.

5) 대일본맥주(大日本麦酒)

새로운 음료를 보급하자!
메이지 시대가 되면서 일본에 오는 외국인이나 해외에서 돌아온 일본인을 위해 맥주를 제조하는 회사가 생겨났다. 에이이치는 맥주 회사에 관여했고, 그 회사는 현재의 삿포로 맥주와 아사히 맥주로 이어진다.

6) 오사카 방적

일본산 면제품에 주력한다!

해외와의 무역이 시작되고 공장에서 만든 값싸고 질 좋은 면제품이 들어오면서 일본의 전통 면직물 공업은 큰 타격을 입었다. 그래서 에이이치는 일본산 면제품에 힘을 쏟기 위해 이 회사를 만들었다. 현재의 동양방직이 바로 이 회사다.

7) 일본우선(日本郵船)

배로 많은 물품을 운반하자!

메이지 초기, 물품을 운반하기 위해 주로 사용했던 것은 선박(해운)이었다. 에이이치는 당시 해운업을 독점하고 있던 미쓰비시에 대항하기 위해 해운회사를 만든다. 이후 양사는 합병하여 현재의 일본우선(닛폰유센)이 되었다.

이 외에도 도쿄증권거래소((東京證券取引所), 보험회사 등에도 관여했다.

(출처: 슈에이샤 『학습만화 세계 전기 NEXT 시부사와 에이이치』)

부록

1. 해설
"일본 근대 기업 경영의 아버지 시부사와 에이이치를 새롭게 본다" 김정출(일본 청구학원 이사장)
2. 대담
김정출(청구학원 이사장) vs 홍택정(경산 문명중·고 이사장)
3. 특별기고
시부사와 에이이치와 우치무라 간조(内村 鑑三)의 공통점/ 다카하시(일본 전망사 편집위원)

해설
엮은이 후기

"일본 근대 기업경영의 아버지 시부사와 에이이치를 다시 본다"

김정출(일본 청구학원 이사장)

시부사와는 '일본 자본주의의 아버지'로 불린다. 하지만 자신은 자본주의보다 '합본(合本)'이라는 말을 더 좋아했다. 그것은 '자본주의'나 '회사제도'와 동의어다. 그런데 무엇을 합쳐 하나로 묶는다는 것일까? 시부사와의 '합본'은 '사람과 돈'이다. 자금만 모으는 이른바 주식회사에 사람을 더하는 것이다.

그에게 회사란 공익을 추구한다는 사명과 목적을 달성하는 데 가장 적합한 인재와 자본을 모아 사업을 추진하는 조직체였다. 이윤만을 추구하는 자본주의는 사회를 피폐하게 만든다. 최신 경제를 연구하는 서구 학자들도 시부사와의 생각에 공감하고 있다.

그뿐만이 아니다. 후발 신흥국의 모델이 될 수 있다는 지적도 있다. 물론 재벌은 신흥국에게 효율적인 경제발전의 밑거름이 된다. 하지만 국가 엘리트와 재벌의 유착으로 빈부격차도 확대된다. 메이지 이후 시부사와가 있었기 때문에 근대 일본은 빈부격차가 크게 확대되지 않았고, 합본주의가 능력이 있어도 재벌에 들어가지 못하는 인재를 받아들여 경제는 더욱 두터워졌다. 이는 후진국의 모델이 되기에 충분하다.

이에 우리는 그의 『현대역으로 쉽게 읽는 논어와 주판』으로 대표되는 경제사상을 다시 주목해야 한다. 그런데 한국에서는 논어, 나아가 유교의 독특한 수용이 있어 시부사와의 논어 관(觀, 논어를 보는 시각)을 받아들일 수 있는 소지가 얼마나 있는지 미지수인 것도 사실이다.

한국 유교의 특징과 현재

유교의 본가(本家)는 말할 것도 없이 중국이다. 하지만 조선은 왕조 오백 년 동안 소중화(小中華)라 불릴 정도로 본가 본원(本元)보다 유교가 사회 구석구석까지 철저하게 자리 잡았다. 그 결과 조선의 유교는 독특한 형태로 전개됐다.

조선 유교의 특이성은 유교를 허(虛)와 실(實)로 나누었을 때 허(虛)의 측면을 일관되게 강조한 데 있다. 허는 유교에서 강조하는 장유유서(長幼有序, 상하관계)와 남녀존비, 예의범절의 측면이다.

국가 관계에서도 대국인 중국을 항상 공경하고(이른바 사대주의), 마을이나 문벌, 가정에서는 나이 많은 남자를 무조건 공경했다. 문벌이나 가문에서 조상을 지나치게 존중하여 어떤 집에서는 일 년에 몇 번씩 제사를 지내는 경우도 있었다.

또한 조선시대 장서의 절반 이상을 차지한 것은 족보라고 불리는- 문벌과 가문의 혈통을 나열하고 인정하는- 말하자면 가계와 같은 책이었다. 족보는 가보(家譜)라고도 불리는데, 조선에서 자란 일본 작가 가지야마 토시유키(梶山季之, 1930~1975)의 소설 『족보』(고단샤문고)에서도 이것이 조선 민족에게 얼마나 중요한 것이었는지를 잘 표현하고 있다.

소중화라고 불렸던 조선은 본 고장 중국보다 더 유교의 가르침을 따랐고, 또한 상하관계의 계통을 제대로 보여주는 족보를 중요하게 여겼다. 족보는 반쯤은 만들어낸, 꾸며낸 이야기임에도 불구하고 예전만큼은 아니지만, 현재도 후손을 소중히 간수한다. 한문 글로 쓰여 있어 읽을 수 있는 사람은 거의 없고, 읽지도 않는데도 불구하고 몇 대 전의 조상이 높은 벼슬을 지냈다는 것만으로 책꽂이와 서가를 장식하기 일쑤다. 지금 와서 생각해보면 상당한 '역사적 낭비'였다는 생각이 든다.

제사란 조부모, 부모는 물론 5~6대 전의 조상을 추모하는 의식을 말한다. 제사에는 산해진미(山海珍味), 즉 맛이 있는 음식을 바쳐야 해서 그 비용이 만만치 않다. 한때는 이를 위해 빚까지 졌다는 우스갯소리가 나올 정도였다. 그래서 과도하고 화려한 제사를 자제하라는 정부 지침이 내려지기도 했다. 제사에 올리는 산해진미, 생선, 과일, 과자, 나물 등 제사 음식의 위치를 놓고 조정(朝廷)에서는 정쟁(政爭)을 벌여 국정을 혼란에 빠뜨리기도 했다. 오늘날에도 일부 문벌에서는 구습을 고집하는 바람에 장년층과 청년층으로부터 외면을 당하고 있다는 이야기도 들린다.

한국의 급격한 저출산 현상은 현저한 남존여비 사상에 기인한다는 의견도 만만치 않다. 국제화로 인해 한국 여성들이 한국 이외의 사회를 알고 자기 주장을 하게 된 결과 결혼하지 않는 현상을 낳은 것이다.

한국은 실보다 허를 중요시하는 유교로 인해 여러 가지 모순과 폐해, 나아가 정치·사회가 돌아가지 않는 곤경에 빠졌다.

이런 상황을 타개하기 위해 실학을 떠올리며 주장한 사람들이 있었다. 이른바 실학파라고 불리는 일군의 학자들인데 그 대표적인 인물이 정약용(1762~1836)이다.

일반적으로 다산(茶山)으로 잘 알려져 있지만, 문학, 철학, 과학, 공학, 행정(정치) 분야까지 관심을 보이며 5백 권의 저서를 출간한 대문호다.

정약용의 폭넓은 관심은 종교적 측면에서 폐쇄적이었던 탓에 외래 천주교(가톨릭)에 눈을 돌리게 되었고, 이를 연구한 이유로 형 정약전(丁若銓), 친척 권신철 등과 함께 유배지로 쫓겨난다. 그의 많은 저술은 그 땅에서 쓴 것으로 알려져 있다.

1960년대 중반 이후 한국은 세계로 눈을 돌려 스스로 잘못을 조금씩 고쳐나갔다. 하지만 이조 오백 년 유교의 폐해와 일제 강점기 때 심어진 '식민지 근성'을 극복했다고 보기는 어렵다.

시부사와로부터 배워야 할 점이 있음에도 불구하고, 이런 것들로 인해 다소 시야가 흐려지기 쉽다.

일본의 유교 수용과 메이지 일본

일본에서는 에도시대에 주자학이 막부(幕府)의 학문으로 중시되었다. 그러나 통제가 약하고 자유롭게 유교를 논할 수 있는 유연성을 기반으로 다양한 주장을 가진 유교학자가 탄생했다. 유학자의 지위는 낮아 막부나 각 번(藩)의 고위 관료가 되는 경우도 드물었다. 반면 한국에서는 유교가 다루지 않는 것으로 여겨졌던 병학(兵學)이나 본초학(本草學) 등의 실학(實學)을 취득하는 이들도 있었다. 일반 민중에게도 사숙(私塾, 또는 서당)을 통해 논어를 가르치기도 했다.

또한 유교, 특히 주자학은 막부 체제를 지탱하는 것이었지만 막부 말기에는 존왕양이(尊王攘夷) 사상의 원류가 되어 메이지 유신을 준비한 측면이 있었다. 말하자면 다면적이면서 유연하고 자유롭게 논어와 유교를 파악할 수 있는 소지가 있던 것이다.

시부사와도 그런 논어를 배운 사람이었다. 일본의 실리를 염두에 둔 유교를 이해하고 있었다. 그래서 경직된 유교주의자라면 혐오할 경제 활동에 논어의 가르침을 붙여 살려보자는 발상이 탄생한 것이다. 실제로 시부사와는 이를 실천하여 사회적, 경제적으로 성공하고 그 이익을 사회에 환원하지 않았던가. 따라서 시부사와는 '논어와 주판'의 강력한 논거가 되고 있다.

일본 메이지 시대에는 다양한 사상가들이 나왔지만, 시부사와도 나름대로 이색적이고 중요한 경제 사상가이자 실천가였다. 가장 유명하고 중요한 인물은 당시로서는 경이로운 20만 부의 베

스트셀러 『학문의 권유』를 저술한 후쿠자와 유키치(福澤諭吉, 1835~1901)다. 이들의 두드러진 공통점은 서구 열강이 국가를 지배하는 제국주의 시대에 일본의 독립과 개성을 지키면서 일본의 발전과 근대화를 어떻게 실현할 것인가를 고민했다는 점이다.

시부사와 그리고 메이지 일본

만약 한국에 시부사와와 후쿠자와가 있었다면 그 후의 한국 역사는 어떻게 되었을까. 물론 조선왕조 말기나 대한제국 시대에도 그들과 비슷한 싹은 있었을지 모르지만, 모두 정부의 통제 하에 뽑혀버리지 않았을까. 그 때문에 조선 유교의 나쁜 면이 드러나고 있는 것은 아닐까.

이에 반해 일본의 메이지 정부는 초기에는 자유민권운동을 탄압했지만, 이후 들어온 마르크스주의를 제외하고는 사상을 느슨하게 통제했다. 사상가들도 학계와 재야를 막론하고 비교적 자유롭게 자신의 주장을 펼쳤으며, 국가를 어떻게 발전시킬 것인가를 최우선 과제로 삼았다.

이 책이 한국 국민에 어떻게 받아들여질지는 미지수다. 다만 메이지 시대 일본의 지도자들이 한 손에 논어, 다른 한 손에 주판을 들고 근대화를 밀고 나갔다는 사실 하나만 주목할 수 있었으면 좋겠다. 그것은 도덕과 기업윤리가 살아있는 기업경영, 나아가 국가 경제성장과 발전이다. 그래야 유교의 전통적 열매를 제대로 거두는 것 아닐까. 모두에게 일독을 권한다.

대담

"교육과 사회봉사 그리고 도덕경영
사부사와 정신 새겨 새 도약의 길 가야"

김정출(일본 청구학원 이사장) vs 홍택정(문명중·고 이사장)

이 글은 지난 2024년 10월 18일 경북 경산시 문명중·고등학교 이사장실에서 있었던 김정출(일본 청구학원 이사장) vs 홍택정(문명중·고 이사장) 대담을 정리한 것이다. 사회는 최수경 글마당&아이디얼북스 대표가 맡았다. (편집자 주)

사회(최수경)= 이번에 김정출 이사장께서 모처럼 모국을 방문하게 된 뜻깊은 시간에 같은 교육사업에 매진하고 있는 동갑내기이신 홍택정 이사장과 소중한 대담하게 되었습니다. 먼저 시부사와 에이이치는 어떤 인물인지 김정출 이사장님께서 간략하게 말씀해 주셨으면 합니다.

김정출(일본 청구학원 이사장)= 시부사와 에이이치(이하 '에이이치'로 표기함)는 막부 말기였던 1840년, 부농의 아들로 태어나 일찍이 『논어』『대학』 등의 고전을 익혔습니다. 마지막 쇼군 도쿠가와 요시노부(德川慶喜)의 신하였으나 막부가 무너지면서 메이지 신정부의 관리가 되어 근대 일본을 세우는 데 앞장섰죠. 요시노부의 신하였던 1867년 27살의 나이에 파리 만국 박람회를 시찰하며 유럽 자본주의를 자기 눈으로 보았고, 자본주의와 기업

▶ 김정출 청구학원 이사장(왼쪽)과 홍택정 경산 문명중·고교 이사장

경영의 중요성을 깨달은 그는 귀국 후 메이지 신정부에서 대장성 조세사정, 재정국 국장을 역임하며 일본의 조세, 화폐, 은행, 회계 등을 개혁했습니다. 1873년 "상업이 부흥해야 나라가 선다."라는 신념으로 관직을 내려놓고 철도회사, 가스회사, 전기회사, 방직회사 등 500여 개의 기업을 세웠습니다. 그중 다수는 지금도 일본경제의 견인차 역할을 하고 있습니다.

뿐만 아니라 그는 도쿄양육원, 일본 적십자사 등 600여 개의 자선기관을 세우며 노

블리스 오블리주를 몸소 실천한 인물이었습니다. 아울러 미국, 중국, 인도 등에서 민간 외교활동을 벌이기도 했으며 '도덕 경영'을 자신의 경영철학으로 삼고 실천했죠. 현대 경영학을 창시한 피터 드리커(1909~2005)는 "나는 경영의 본질을 시부사와 에이

이치에게 배웠다."라고 극찬한 바 있습니다.

저서인 『논어와 주판』에는 그의 경영철학이 잘 설명되어 있는데 이런 공적으로 1926년, 1927년 연속으로 노벨평화상 후보에 오르기도 했습니다. 그가 지금도 세계 각국 CEO들의 모델로 꼽히고 있는 이유는 그가 성공한 경영인이기도 했지만, 경영철학을 만들고 실천한 인물이기 때문입니다. 일본은 2024년 1만 엔 새 지폐에 들어가는 인물로 선정하여 그의 경영철학을 일본경제 부흥의 상징으로 삼고 있습니다. 그분이 한국에 미쳤던 영향이나 경영철학이 바로 알려져 한국의 지속적인 경제성장에도 큰 기여를 하는 나침판이 되었으면 합니다. 한일수교 60주년인 지금, 여전히 다른 한편에서는 그에 대한 평가가 부정적인 면이 많아 안타까울 따름입니다.

홍택정(문명중·고 이사장)= 저는 이번 대담을 앞두고 에이이치의 저서들을 다시 읽어 봤습니다. 특히 일제 식민지 시기에 우리나라의 철도 부설과 전기회사 설립 등 많은 역할을 했던 분이라 관심을 물론 애정을 갖게 되었습니다. 일제의 식민지 통치를 무조건 비판하는 우리나라 역사 교육 탓에 에이이치을 도매금으로 비판하는 신문 기사를 봤습니다. 그러나 그분은 일본 근대화의 선구자였고, 특히 교육에 큰 관심을 두고 여러 학교도 설립한 점에 육영사업에 앞장서고 있는 김정출 이사장님이나 저에게 좋은 가르침이자 표상이 되는 것 같습니다.

김정출= 네, 저도 병원과 학교 등 8백여 명이 넘는 직원을 거느리는 여러 사업을 하면서 에이이치가 대단한 분이란 걸 새삼 깨닫고 그의 경영철학을 존경하게 되었습니다. 만약 제가 한국인이 아니고 일본인이었더라면 "내가 시부사와 에이이치이다."라고 하겠지만 나는 한국인이기 때문에 그럴 수 없는 일이죠. 대신 그분의 경영철학을 배우고 그의 생각과 사상을 전하는 일에 매진하고 있습니다.

홍택정= 이번에 그에 관한 책과 자료를 읽으면서 경제학자 이전에 인간으로서의 에이이치 매력에 끌렸습니다. 그리고 확실하게 공부를 할 수 있어 좋았습니다. 그동안 에이이치가 어떤 인물인지 잘 몰랐거든요. 얼마 전 에이이치의 후손들이 한국 언론과 인터뷰한 기사에서 에이이치는 생전에 우리나라가 일본의 식민지가 된 걸 매우 가슴 아파하였다고 합니다. 그래서 저는 이분은 인간적으로 참 따뜻한 분이구나 하는 생각을 하기도 했습니다.

대부분 우리 국민은 과거 일제 36년을 먼저 생각하기 때문에 일본에 대한 감정이 좋지 않은 건 사실입니다. 그러나 개인적으로 생각해 보면 우리나라가 일본에 침략되지 않았다면 해방 후 우리나라가 이렇게 발전되었을까 하는 점입니다. 당시 조선왕조는 러시아나 중국, 유럽 열강들이 멀뚱멀뚱 쳐다만 보며 일본, 러시아, 청국 3국의 간에 붙었다 쓸개에 붙었다 줄타기 외교 전략을 하고 있었습니다. 그 종말은 어느 한 나라의 식민지가 될 수밖에 없는 상황이었습니다, 아울러 그 무렵에는 공산주의까지 태동하여 그 세력이 거대한 러시아와 중국이 공산화되고 그 끝에 붙어있는 대한민국도 풍전등화의 처지였습니다. 역설적으로 차라리 일본 식민지가 되는 바람에 그나마 근대화가 이뤄졌다고 봅니다.

일본은 1854년 메이지유신으로 문호를 개방하여, 서양 문물을 받아들여 눈부시게 발전하였습니다. 그 중심에 기초를 놓아준 에이이치가 있었고, 우리나라도 그분의 혜안으로 경부선과 경인선 철도, 전기, 금융 등 근대화가 이뤄졌죠. 당시 무능한 고종 황제가 신문명을 도입할 수 있었겠습니까? 우리가 학교에서 '을사조약(乙巳條約)'이라고 배웠는데 언제부터인지 '을사늑약(乙巳勒約)'이라고 부릅니다. 을사늑약이라고 한들 일제 36년의 흔적이 없어지는 게 아니고, 김영삼 대통령이 조선총독부 건물인 중앙청 건물을 폭파한다고 해서 식민지 역사지배 사실이 사라지는 것이 아니지 않습니까? 이처럼 우리는 매사 과거지향적인데 이제는 미래지향적으로 나가야 합니다.

그래서 일본이 1만 엔 새 지폐에 에이이치를 넣는 걸 계기로 미국 지폐도 한번 살펴봤습니다. 100달러의 인물인 벤자민 프랭클린은 '미국 건국의 아버지(Founding Fathers of the United States)' 중 한 명으로 특별한 공적 지위에 오르지 않았지만, 프랑스군(軍)과의 동맹에서 중요한 역할을 했고, 미국의 독립에도 기여했습니다. 그리고 최초로 민간형 비행기를 발명한 과학자이기도 합니다. 그리고 역시 미국 건국의 아버지이자 초대 재무부 장관을 지낸 알렉산더 해밀턴도 10달러 지폐의 주인공입니다. 일본도 일본 개화기의 아버지 격인 후쿠자와 유키치(福澤諭吉)가 1만 엔에 실려 있습니다만 유독 우리나라 화폐에는 율곡, 세종대왕, 신사임당 등 조선시대 과거지향적인 인물들만 등장합니다. 우리가 본받을 위대한 인물은 현세에도 얼마나 많습니까? 가령 이승만 건국 대통령, 조국 근대화의 초석을 이룬 박정희 대통령도 있지만 그런 분은 비판하고 깎아내리는 데 급급합니다. 일본이나 미국은 정말 합리적인 것 같습니다. 이처럼 미국이나 일본 지폐에 등장하는 주인공은 공동의 이익을 위해서 경제발전을 이룬 산업화의 거목(巨木)이 대부분이라 참 존경스럽게 느껴졌습니다.

김정출= 우리는 여전히 일제 식민지 의식을 벗어나지 못하는 것은 사실입니다. 지난 아픔은 뼛속에 깊이 담아놓고 좋은 것은 받아들여야만 진정하게 일본을 극복할 수가 있습니다. 그리고 국회의원들, 여당, 야당의원 할 것 없이 아직도 친일 반일논쟁을 하고 있는 걸 보니까 한국은 식민지 36년의 상처에서 여전히 헤어나지 못하고 있는 것 같습니다. 우리가 일본을 극복하고, 일본보다 좋은 나라를 만들면 그때 일본인들도 정말 우리 한국 사람이 잘 한다고 칭찬할 때가 온다고 생각합니다. 지금은 우리가 일본보다 힘이 없는 것은 사실입니다. 그래서 저는 친일(親日)도 반일(反日)도 아닌 극일(克日) 사상을 키워야 한다고 봅니다.

사회= 거듭 강조하지만 에이이치나 김 이사장님과 홍 이사장님, 세 분의 공통점을 찾는다면 교육에 큰 관심을 두고 그것을 실천하셨다는 점입니다. 일본 근대화에서 또 다른 선각자인 후쿠자와 유키치도 처음엔 칼을 쓰는 무사 출신이었지만 유럽을 돌아보며 서구 문물을 받아들인 후 게이오기주쿠(慶應義塾, 경응의숙, 훗날 게이오기주쿠대학의 기원)를 설립하는 등 교육에 매진하였습니다.

김정출= 그렇습니다. 나라를 바로 세우는 일은 교육이 얼마나 제대로 뒷받침되느냐 달려 있습니다. 일본이 한국보다 앞서게 된 것도 바로 교육이었습니다. 교육이 잘 되어야 그 나라가 발전 성

▶ 남작 작위를 받은 1900년경의 시부사와 에이이치

장합니다. 일본과 한국의 차이는 교육입니다. 지금이라도 한국은 똑똑한 지도자가 나서서 교육을 일신하고 좋은 목표를 세워서 국민을 이끌어 나간다면 머지않아 일본을 앞서 나갈 수 있습니다. 일본을 근대화시킨 주역들의 철학과 행동을 보면 확연하죠. 에이이치는 교육에 대해 큰 관심을 갖고 인재 양성에 매진하였습니다. 그는 고위 관료직을 그만두고, 사업을 하면서 여러 학교 운영에도 전념하였습니다. 후쿠자와도 실패한 조선의 개혁파들인 김옥균 홍영식 박영효 서재필 같은 인재를 주목하고, 물심양면으로 지원하였습니다.

홍택정= 우리도 비록 총독부 시절이었지만 이런 일본의 선각자적인 정책 도입 덕분에 법원의 3심제도가 생겼습니다. 종전까지는 고을 원님의 판결에 따라 양반과 상놈의 처벌 수위가 천양지차로 차별 받아 왔거든요. 그리고 체계적인 교육제도 도입으로 그나마 봉건적인 계급사회에서 탈출할 수 있었다고 봅니다.

하나의 좋은 사례로 저의 이모부가 포항제철 설립 초창기 멤버입니다. 오늘날 포철이 세계 굴지의 제철소가 되기까지에는 신일본제철의 도움이 가장 컸다고 합니다. 당시 박정희 대통령이 국내 야당 정치권이나 학생들의 극렬한 반대를 무릅쓰고 한일회담을 성사시켜 무상 3억 불을 포함, 모두 5억 불 대일청구권 자금을 받아내, 그 종잣돈으로 포철이 건설된 거 아닙니까? 그리고 일본도 국내 정치권의 반발에도 불구하고 자기들이 과거 36년 동안 한국을 식민지 한 것에 대해 미안함으로 기꺼이 기술 제공까지 하였던 점을 기억해야 합니다. 그래서 지금 포항제철이 신일본제철을 능가하는 세계적인 제철기업이 되었습니다. 우리는 이런 걸 고맙게 생각하며 은혜를 알아야 합니다. 그러나 제가 공개적으로 이걸 '은혜'라고 표현한다면 아마 '친일파'로 매도당할 겁니다.

김정출= 포철이 건설될 당시 미국을 비롯한 세계 어느 나라도 한국에 돈을 빌려주려고 하지 않았습니다. 일본 내의 여론도 "만약에 한국에 모든 기술을 제공하면 앞으로 우리와 경쟁 상대가 된다."며 반대 일색이었죠. 하지만 이나야마 요시히로(稻山嘉寬, 1904~1987) 신일본제철 회장이 적극적으로 나서서 설득하고 도와주었습니다. 심지어 박태준 회장이 야금야금 철강 기술을 빼가는 것에 대해 당시 신일본제철은 호의적으로 침묵해 주어 포철은 공짜로 100% 기술 이전을 받았습니다.

뿐만 아니라 신일본제철은 로열티도 요구하지 않은 건 물론이였지요. 이런 걸 한국 교과서에서는 가르치지 않습니다. 우리 청구학원 최철재 교장도 학교에서 배운 사실이 없다고 실토한 적이 있습니다. 이런 역사적인 사실을 정치가나 학교에서 정직하게 알려주어야 합니다.

그러나 우리나라 정치권, 특히 진보성향의 정당은 그동안 반일을 부추기는 선동정책으로만 일관하였습니다. 그 대표적인 사례가 지난 문재인 정권이 적반하장으로 한국의 진보좌파 여성단체

▶ 일본 돈 1만엔의 인물은 일본의 최고 지식인인 후쿠자와 유키치(福澤諭吉)의 초상화가 1984~2024까지. 사부사와 에이이치는 2024년 부터 사용되었다.

를 선동질하여 정신대와 징용공 보상을 핑계 삼아 신일본제철을 상대로 피해보상 소송을 제기, 한국 내 신일본제철 재산을 강제 압류까지 하는 만용을 부렸습니다. 과거 신일본제철이 일본의 주력산업인 제철의 최첨단 기술을 한국에 무상으로 제공하며 포항제철 공장을 지어주고, 일본 기술자들을 파견해 준 은혜를 잊어버리고 있습니다. 한국은 포철에 이어 광양제철도 건설할 수 있었고, 그 덕분에 자동차를 만들어 해외에 수출하는 것이 가능하였으며 조선 사업 역시 세계로 뻗어나갈 수가 있지 않았습니까? 만약 신일본제철이 당시 포항제철을 도와주지 않았더라면 1970

▶ 1930년대 시부사와 에이이치의 가족들

년대의 한국의 중화학공업 육성은 불가능하였을 것입니다.

홍택정= 박정희 대통령이 지난 1965년대 한일 정상회담을 성공하지 못하였더라면 여전히 대한민국은 가난을 면치 못하였을 겁니다. 지금도 한국과 일본 사이를 이간질하여 소위 '한미일 삼각동맹'을 파괴하려는 것, 이게 북한이 지난 70년 이상 변함없이 추구해온 기본 대남전략이기도 합니다.

저는 한일 간 통화 스와프가 협정되어 있듯이 안보 스와프도 시급히 구축되어야 한다고 봅니다. 부산에서 일본은 배나 비행기로 불과 한 시간이면 갈수 있는 가까운 거리 아닙니까? 한반도에 위급 상황이 오면 우리는 일본의 안보 협력이 필요합니다. 과거 6·25 때 맥아더 장군의 인천상륙작전이 성공할 수 있었던 것은 인천 앞바다에 북한군이 매설해놓은 어뢰를 제거하는데, 일본 해상특공대의 기여가 있었습니다. 우리에게는 불편한 진실이지만.

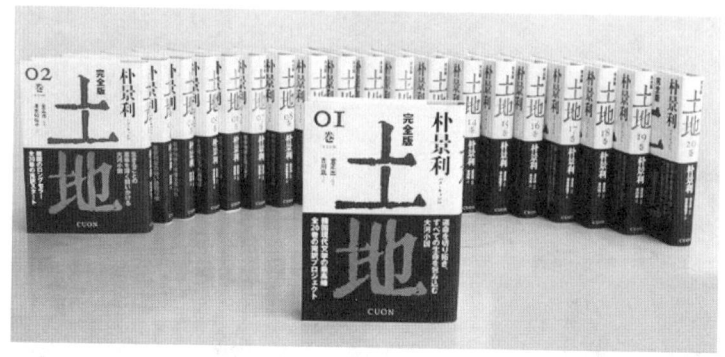

▶ 김정출 이사장은 한일간 문화교류에도 큰 관심을 지녀 박경리의 대하소설 『토지(土地)』를 일본의 유명 출판사인 고단샤(講談社)에서 출간하는 출판비 6천만엔(약 6억원)을 흔쾌히 지원, 10년만인 2024년 가을에 20권이 완간되었다. 이 일본어 완역본은 올해(2025년) 마이니치(毎日)신문의 '제79회 마이니치출판문화상' 기획부문 수상작으로 선정되는 쾌거를 이루었다.

사회= 한국의 정치인들은 거시적인 시각을 갖지 못한 채 그저 자기들의 정치 연명을 하기 위해 한일 간 갈등을 부추기고, 반일을 선동합니다. 김정출 이사장님과 홍택정 이사장님은 다음 세대를 일으키는 교육자의 관점에서 이런 잘못을 하나하나 바르게 가르쳐 나가는 막중한 사명을 띠고 있습니다. 실로 그 책임이 크다고 볼 수 있습니다. 끝으로 앞으로의 각오를 듣고 싶습니다.

김정출= 저는 교육을 통해 한일 간의 우호를 끌어내기 위해 우선 문화적으로도 한국을 일본에 널리 알리려 노력했습니다. 10년 전 박경리의 소설 『토지』를 읽고 감동을 받아 일본에 소개하려고 6억 원을 희사(喜捨), 이번에 완간했습니다. 마침 우리나라 소설가 한강의 작품이 첫 노벨문학상을 수상하는 시기에 맞춰 『토지』 20권을 일본어로 출판한 건 큰 보람이라 생각합니다. 그리고 이번에 에이이치의 평전을 한글판 『현대역으로 쉽게 읽는 논어와 주판』으로 번역, 출판하는 것도 그 일환입니다.

K-컬쳐가 일본뿐만 아니라 전 세계적인 돌풍을 일으키고 있는 지금 한일 간 교육 사업을 통한 교류가 활발해져 사부사와 회장의 '교육과 사회봉사, 세계화 정신'이 다시 조명되고 성취되어 한국이 경제 10위권에서 더 도약할 수 있기를 소원합니다. 이런 소중한 역할을 우선 우리 청구학원과 한국의 문명학원이 감당할 수 있었으면 합니다.

홍택정= 저도 선진국이 된다는 것이 반드시 경제성장률이 높아진다고 해서 되는 것은 아니라고 봅니다. 특히 에이이치의 평전을 읽어보니 경제만 선진국이 되는 것이 아니라 우리 사회의 문화·교육·인격 등 전반적 측면에서 같이 높아져야 합니다. 우리는 한글이라는 아름다운 언어도 지녔고, 지금 한류 바람으로 전 세계가 주목하는 문화 선진국의 통로가 되고 있는 걸 보더라도 말입니다.

우리나라는 세계에서 자랑할 만한 우리말인 한글을 가지고 있습니다. 충분히 선진국이 될 만한 재능을 지닌 슬기로운 백성입니다. 조금만 더 땀을 쏟는다면 일류 선진국 진입은 가능합니다. 그걸 이끄는 것이 교육의 역할이라고 생각합니다. 정치인들은 자기 이익만 생각하기 때문에 한일 간 가까워지는 걸 보지 못하고 이간질로 국격을 추락시키는 데만 골몰하고 있습니다. 모쪼록 지금 K-팝이나 K-드라마가 세계를 선도하고 있는 것처럼 K-교육도 성공할 수 있도록 우리가 앞장서야 하겠습니다.

감사합니다. 사회 · 정리/ 최수경(글마당 앤 아이디얼북스 대표)

특별기고

시부사와 에이이치와 우치무라 간조의 공통점

다카하시(高橋, 동경대 졸업, 일본 전망사 편집위원)

시부사와 에이이치(澁澤榮一, 1840~1931)와 우치무라 간조(内村鑑三, 1861~1930)는 일본 메이지 유신을 경험한 경제인과 종교인의 거장으로, 그들의 활동 분야가 크게 다르지만 공통점도 발견된다.

그것은 ① 사회 개혁에 대한 관심과 실천, ② 교육의 중요성, ③ 국제적 시각, ④ 도덕과 윤리의 중요성, ⑤ 일본에 대한 시선이라고 할 수 있을 것 같다.

첫 번째, 시부사와는 기업인으로서 일본의 경제 발전에 기여했으며, 그 이익을 독점하지 않고 사회기여 활동을 통해 사회에 환원하려 했다. 구체적으로 도쿄 양육원이나 사회복지협의회 등의 복지 사업, 또는 도쿄 자혜회, 성루카 국제병원 등의 의료 사업이 언급될 수 있다. 한편, 우치무라는 기독교인의 입장에서 흑암누향(黑岩淚香) 등과 함께 '이상단(理想団)'을 설립하고, 아오이 광독 사건(足尾鉱毒事件)을 규탄하는 등 사회 개선에 힘썼다.

두 번째, 시부사와는 교사로서 강단에 서지는 않았지만, 교육의 중요성을 인식하고 다양한 교육 기관의 설립과 지원을 진행했다. 상법 강습소(현 일교대학)나 오오쿠라 상업학교(현 도쿄경제대학) 등 실용 교육기관의 설립과 육성, 일본여자대학학교(현 일본여자대학)의 설립 지원이나 도쿄 여자학관 설립 등 여성 교육에 힘을 쏟았다.

한편, 우치무라는 교육자로서 제1고등중학교(현 도쿄대학교 교양학부 등) 등 강단에 서며 학생과 제자들에게 큰 영향을 주었다. 참고로, 조선·한국의 기독교 지도자로서 조선·한국의 기독교사에 독특한 위치를 차지하는 김교신과 함석헌도 우치무라로부터 큰 영향을 받았다.

세 번째, 국제적 관점이다. 시부사와는 막부 말기에 도쿠가와 아키타카의 수행원으로 프랑스에 건너가 유럽 각국에서 선진적인 산업과 제도를 체험했으며, 이는 이후 활동의 출발점이 되었다. 한편, 우치무라는 1884년 사비로 미국에 유학해 기독교와 서양 사상을 배우고 아머스트대학 3학년에 편입, 재학 중 종교적 회심을 경험하며 기독교인으로서 길을 결심했다. 이와 동시에 미국의 기독교회의 부패를 목격하고 반발했으며 이런 경험들이 이후 무교회주의로 이어지게 되었다.

네 번째, 도덕과 윤리의 강조이다. 시부사와는 1916년 『논어와 주판』을 저술하며 '도덕경제일체설'을 주장했다. 유년기부터 배운 『논어』를 기반으로 윤리와 이익(=산반)의 조화를 강조하며 경제발전의 이익을 독점하는 것이 아니라 국가 전체를 풍요롭게 하기 위해 사회 환원해야 한다고 설파했으며 이를 앞에서 언급한 첫 번째 사회철학으로 실천했다.

한편 우치무라는 기독교인의 입장에서 도덕과 윤리의 향상을 강조한 것은 말할 필요도 없을 것이다. 다만 그는 유년기부터 유교를 배웠기 때문에 그의 윤리·도덕관의 기반에는 시부사와와 마찬가지로 『논어』의 가르침이 있을지도 모른다. 그의 저서 『나는 어떻게 기독교인이 되었는가(How I became Christian)』 등을 통해 많은 사람에게 영향을 주었다.

다섯 번째, 일본에 대한 시선을 들 수 있다. 시부사와는 메이지 초기 관료로, 이후에는 실업가로 활동하며 일본의 현대 경제제도와 자본주의를 육성해 나갔다. 청년기에는 존양왕이 사상에 물들어 일본이 서구 식민지가 되는 것을 두려워했다. 그러나 유럽 여행을 통해 단순히 서구를 배척하는 것이 아니라, 선진적인 부분을 배우며 일본을 발전시켜 그들과 어깨를 나란히 하려는 역전의 발상을 떠올렸다. 그에게는 일본인의 기개가 있었던 셈이다.

우치무라도 또한 서구 선교사들에 의해 전파된 기독교가 진정한 기독교가 아니라 인간중심으로 타락한 세속적인 것이며, 다른 국가를 식민지화할 때 이용되는 것이 기독교와 교회라고 지적했다.